JN410561

2010

남 부 詩

나는 왜 여기에 서있지

김준태 외

남부詩 제 2 호 2010

나는 왜 여기에 서있지

지은이 김준태 외
펴낸이 최명자

펴낸곳 책펴냄열린시
주　소 부산광역시 중구 중앙동 3가 14-1번지
전　화 051-464-8716
출판등록번호 제 02-01-256호
출판등록일 1991년 2월 4일

발행일 1판 1쇄 2010년 5월 3일

값 10,000 원

ISBN 978-89-87458-69-4 03810

남부시는 후원회원의 후원금으로 제작되었습니다.

2010

THE ANTHOLOGY OF NAMBOO POETS

VOL. 02

남부詩

편집위원/ 오정환, 윤상운, 강영환, 최영철, 김 참

http://cafe.daum.net/seebada

제 3 부

제 4 부

제 1 부

쌍둥이 할아버지의 노래

김 준 태

아가야
우리 아가야
쌍둥이로 태어난 우리 집 아가야
할아버지는 오늘도 너희로 하여 즐거움뿐이다
너희에게 쉴 새 없이 기저귀를 갈아주면서도
(물론 손자들 기저귀는 할머니가 도맡아 하는 일)
맞벌이부부 너희 엄마아빠한테 짜증을 내지 않는다
무등산 굽이마다 내리는 하얀 눈도 곱게 바라보며
천지를 크르렁 크르렁 울리는 호랑이 꿈을 꾼단다
그래, 올해는 무등에서 백두까지 더욱 달려가야지!
우리사랑 한반도 꽃들도 나비처럼 훨훨 날아야지!
호랑이도 사람을 등에 업고 남북 삼천리 달렸다는
단군조선 5000년의 신화와 경계를 넘나들면서
아가야 눈보다 더 하얀 우리 집 쌍둥이 아가야
너희에게 기저귀를 갈아주는 이 젊은 할아버지는
천년을 산다는 무등산 귀목나무처럼 든든하구나
할아버지는 너희로 하여 온몸에 힘이 솟구치고
짧은 수염도 길게 어루만지며 유쾌하게 웃는다
아가야 쌍둥이로 태어난 우리 집 예쁜 아가야
너희 할아버지는 그래서 이렇게 노래를 부른다
(경인년 올해, 나는 쌍둥이 할아버지가 됐다오
한 놈만이 아니라 두 놈을 똑같이 업어서 달래는
이놈은 물론 저놈 배꼽도 살살 같이 긁어줘야 하는

올해 정월 초하룻날부터 나는 그렇게 살 것 같다오
어, 남북도 쌍둥이 키우듯이 하면 참 좋은 것인데!)
서로 얼굴 둥그렇게 쌍둥이형제로 자라는 우리 아가야
머잖아 기저귀를 차지 않고도 아장아장 걸어갈 아가야
할아버지는 너희와 함께 오늘도 호랑이의 꿈을 꾼다.

김준태/1969년 〈시인〉지 등단. 시집 『참깨를 털면서』,『지평선에 서서』외. 통일시 해설집 『백두산아 훨훨 날아라』등 산문집 다수. 光州에 작은 학교 〈김준태 금남로Lykeion〉을 마련, 집필 활동.

가짜

허 형 만

스님, 김남조 시인이 누님이시라면서요
옆자리에 앉은 오탁번 시인이 장난을 거신다
글쎄, 그게, 중이란 게 나이를 알지 못해서…
큰 스님이 딴 청을 피우시다가 한 말씀 하시는데
나는 중 옷만 입었지 가짜 중이야
그 말씀이 끝나자마자 내 정수리가 뻥 뚫리는 듯했다
저리 큰 스님이 가짜 중이라니, 그럼 나는?
가짜 교수? 가짜 시인?
어쩐지 요즘 육십 세월이 헐겁더라니…
그날 밤 나는 오탁번 시인과 왕십리에서 대취했다

허형만/1973년 〈월간문학〉 등단. 시집 『눈 먼 사랑』『첫차』 『영혼의 눈』 외.

순천만 그 여자

나 종 영

꼬막을 삶다가, 망둥어회를 무치다가
뭇사람들 속에 섞여서도
말랑말랑한 갯벌을 마음에
한 소쿠리 담고 사는 마흔 넷,
순천만 그 여자

초여름 바닷가민박집 마당에서
애호박 잎에 잔고기가 끓는 동안
비릿한 갯내음을 는개처럼
폴폴 뿜어내던 여자

밀물져 오는 아름다운 것들과
안타깝게 사라져가는 것들을
비로소 온몸으로 느끼는 마흔 줄 여자
인생은 흘러왔다 흘러 돌아가는
갈대밭 갯물 같은 것이라며
소주 서너 잔 벌컥,
불을 들이키는 여자
와온 저문 노을에 모로 누운
일망무제 수평선 같은 여자

구석 손님과 눈이라도 마주치면
저고리 옷깃도 추스르고

오방색 조각보를 들어 살며시 얼굴을 감추는,
옆집 누이 같은 여자
순천만 그 여자.

나종영羅鍾榮/1981년 창작과비평사 13인 신작시집 「우리들의 그리움은」으로 작품 활동. 시집 『끝끝내 너는』 『나는 상처를 사랑했네』외. 〈문학들〉 편집인.

시냇가 버드나무 가지처럼

이 은 봉

시냇가 버드나무 가지처럼
흐르는 물속에
이 더러운 몸, 풍덩 집어넣고 싶다
집어넣고 두 손으로
꽉꽉 비벼 빨고 싶다
깡마른 종아리
새치 많은 머리칼
피 묻은 가슴까지

비애여! 슬픔이여! 눈 뜨고 있어도 울컥울컥 목구멍 치밀고 올라오는 설움이여 잠시도 가만히 있지 못하고 허공중에 떠 흔들리는 마음이여

흔들리는 마음까지
마음이 만드는 내일까지
내일의 헛된 꿈까지
시냇가 버드나무 가지처럼
흐르는 물속에
풍덩, 집어넣고 싶다
집어넣고 두 손으로
꽉꽉 비벼 빨고 싶다

내일이여! 꿈이여! 눈 감으면 더욱 솟구쳐 오르는 아픔이여 시냇가

버드나무 잎새처럼 하늘하늘 흐르는 물거울 위로 떨어져 내리는 절망이여.

이은봉李殷鳳/1984년 〈창작과비평〉 신작시집 『마침내 시인이여』를 통해 작품 활동. 시집 『내 몸에는 달이 살고 있다』『책바위』 외

공생共生

김 기 홍

하필이면 고생 끝에 엉덩이가 펑퍼즘해진
때죽나무 밑에서 태어난 것이 화근이었다.
몇 해를 넘기면서 키가 훌쩍 커버린 노각나무는
바람만 일면 때죽나무와 부딪쳐 구박당하기 일쑤였다.
온몸으로 부딪친 자리에 생긴 상처는
아물었다 부딪쳤다 하는 사이
제법 자리가 커져 버렸다.

때죽나무 이젠 지쳤는지
하얀 꽃입술 활짝 열고 소리쳤다.
지발 저만치 가라고, 가
해필 나 옆에 와갔고 속을 폭폭 쑤셔쌓네.
피꼬막, 새조개, 낙자, 쭈꾸미함지박 옆에서
고등어, 갈치, 조기상자가 주욱 밀려났다
늘어진 고무줄 탄력만큼 쌩! 하고 되돌아왔다.
웜매, 패 죽이도 못허고 요 웬수를 으짜까이

가만이 보고 있던 칠십을 넘긴 느티나무 엄씨가 말했다.
야, 고럴 땐 막걸리나 한 잔 시원허게 해부러라.
내가 봉께 동상이 좋아서 근 것 같은디
어째 요참에 느그들 딱! 합해 뿐 것이 어쩌겄냐?
서로 혼차인 것 알고 서로 비린내 묻히고 산디
뭘 감추고 자시고 허겄어. 맘만 맞으면 되재.

술기운이 걸작~허니 오른 때죽나무 민지 어미가 말했다.
나는 꼴착에 진작 질이 나부렀는디. 글고
달린 혹도 있고…
조용하던 멀대가 새조개를 씹다 말고 입을 열었다.
잘 되았네. 나는 산에 아직 안 가 봐서
그 꼴착길 어디에 있는지 어쯔고 생긴 지도 모른디…
그것 봐. 그것 봐. 내 그럴 줄 알았어. 그럴 줄 알았당께.

한바탕 바람이 불어가고 오일장도 파한 뒷날
세상 풍파에 부대끼어 넓어진 상처에
노각나무 못 이긴 듯 끌어안은 때죽나무
서까래마다 하얀 종을 셀 수도 없이 내다 걸자
크고 작은 온 산 풀나무들
바람 움켜잡고 미쳐 정말 미쳐
산꼭대기 참나무 숲까지 온 몸 뒤흔들어 빚어내는
무지갯빛 함성
일렁이는 새푸른 파도

김기홍/1984년 〈실천문학〉 등단. 시집 『공친 날』, 『슬픈 희망』

낡은 비유에 대한 경고

임 동 확

지나치게 강요당한 겸손과 예의, 가치와 기준으로 허리 굽은 물의 설교들,
기껏해야 교훈과 아니면 훈계일 뿐인, 경멸을 모르는 물길의 비유들을 거슬리며
어김없이 4월이면 불쑥 키 자란 푸른 파도로 일어서는 김제평야의 보리밭들,
탱자나무 이파리를 먹어대는 호랑나비 애벌레의 몸속에 출렁이는 흰 강물들은
고삐 매기 직전의 송아지처럼 날뛰거나 버팅기길 즐겨하는 힘센 고집의 긴 혓바닥,
일단 붙잡힌 것들은 놓치지 않으려 무조건 목덜미를 조이는 경박한 애인의 두 팔,
망각의 목구멍에 삼켜지지 않는 추억을 핥고 깨무는 큰 입을 갖고 있다.
지금도 보이지 않는 곳에서 더 뜨겁고 간절하게 소용돌이치는 그들은
여전히 낮은 곳으로만 흐른다거나 흐르지 않으면 썩는다는, 낡고 오랜
급훈 수준의 이미지들을 부끄럼 없이 남발하는 시인들을 비웃으며,
알 수 없는 그 어떤 거대한 율동의 줄기, 확실한 열망의 꽃봉오리로 피어나고 있다
낡아빠진 명분과 계획을 앞세운 개발론자의 포클레인 삽날에도 찍히지 않고,

수직의 콘크리트 댐에도 갇히지 않는, 범람하는 꿈의 목관(木管)을 타고
그게 무엇이든, 기꺼이 살아있는 것들을 찬양하며 요동치는 운율의 시간들이
뻔뻔한 역사의 얼굴들을 할키고 내동댕이치며 비와 바다의 근원과 기원,
저 아득한 높이와 깊이 사이에서 저만의 깊고 푸른 길을 열어가고 있다

임동확/시집 『매장시편』을 펴내면서 작품 활동. 시집 『살아있는 날들의 비망록』『나는 오래전에도 여기 있었다』 외.

그대 7
-한산자

박 두 규

寒山子長如是(한산자는 늘 이렇다)
獨自居不生死(언제나 홀로 있으니 나고 죽음 없어라)*

홀로 된다는 것을 생각한다
비산비야 비승비속의 세월을

홀로 된다는 것을 생각한다
통속通俗하지 못하는 통속通俗을

* 한산시寒山詩에서 인용

박두규朴斗圭/1985년 『南民詩』 창립동인 작품 활동. 시집 『사과꽃 편지』, 『숲에 들다』 등. 포토포엠에세이 『고라니에게 길을 묻다』

우리 동네 느티나무 단풍기丹楓記

복 효 근

이사 온지 3년이 되도록
인사 한번 받아준 적이 없는 무뚝뚝
한 집 건너 아랫집 강씨 노인
여든을 넘겼을까
치매기가 살짝 있다고 들었다
지팡이에 의지해서 겨우 대문밖 나들이를 하실 정도다
나는 보았다
해어스름녘 강씨 노인이
일흔 둘 우리 앞집 할머니네 마당가에 서성대는 것을
그 뒤로 몇 번 더 보았다
아내는 이미 알고 있었다고 한다
한번은 댓돌까지 올라서는 것을 앞집 할머니가 혼쭐을 내서
쫓아보낸 적도 있다고 한다
앞집 할머니 몹시 아파 딸네집 간 지 달포가 지나
마을 회관 앞 느티나무 아래
무너질 듯 망연히 서있는 강씨 노인 보았다
저 지리산 그늘을 온통 뒤집어쓴 표정 앞에서
사람에 대해서 삶에 대해서 그리움에 대해서 미추에 대해서
더구나 사랑에 대해서
나 한 마디도 말하지 못 하겠다
느티나무 단풍만 유난히 붉었다

복효근/1991년 계간『시와 시학』등단, 시집『마늘촛불』외.

마지막 단계의 외로움
- 엑시스텐즈

현 택 훈

악몽을 그리워하며 뒤척이던 밤이 지나고
눈을 뜨면 게임이 시작된다
악몽을 꾸고 일어난
아침은 얼마나 상쾌한가
악몽이 다음 단계로 이어진다
내겐 신비롭게 쓸쓸한 아이템이 있다
소년이 등대가 보이는 도시의 벤치에 앉아
데이비드 크로넨버그의 『악몽의 역사』를 읽고 있다
그 옆에는 총을 든 소녀가
영혼의 계곡을 기다리고 있다

영화가 끝나고 출구 복도에서
사람들의 달라진 눈빛을 본 적이 있는가
나는 달의 검은 눈동자에 총을 겨누고
너는 나의 하얀 눈동자에 총을 겨눈다
악몽을 그리워하며 뒤척이다
잠이 들면 게임이 시작된다
악몽을 꾸는
밤은 얼마나 아늑한가
악몽이 다음 단계로 이어진다
내겐 신비롭게 쓸쓸한 아이템이 있다

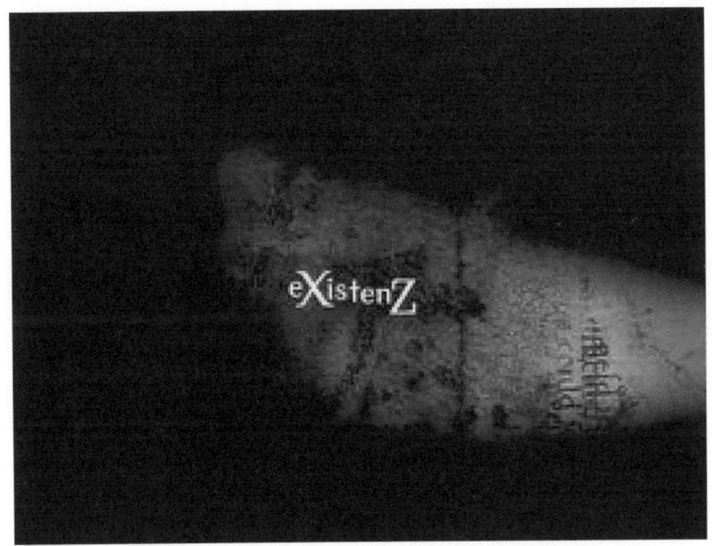

엑시스텐즈 (eXistenZ, 1999), 데이비드 크로넨버그

현택훈/2007년 〈시와 정신〉으로 등단. 시집 『지구 레코드』

제 2 부

묵호 항

이 동 순

갈매기 날고
생선 비린내 가득한 묵호항

어둑한 부둣가엔
우두커니 줄지어 선 상점들
기선이 엄마 건어물점에서 나오시네

오늘도 변함없이 들리는
고기 담는 소리 오징어 배따는 소리
경매장에서 외치는 소리
이 모든 두런거림을 한 잔 소주로 씻어 내리는 아침

늦은 고깃배
돌아오는가 뱃고동 울리자
항구는 일제히 숨죽이고 바다를 보네

뽐내며 배에서 내리는
저 선장은 복덕이네 아버지로구나
갈매기 끼룩거리고
문득 잔칫집 마당처럼 붐비는
묵호항

이동순/1973년 〈동아일보신춘문예〉 등단. 시집 『발견의 기쁨』 외. 『백석시전집』을 발간 복원시킴. 민족서사시 『홍범도』(전5부작10권) 발간.

전기요를 바라보며

이 우 걸

코드만 뽑히면 금방 식어버린다
이 시대의 우리 사랑 또한 다르지 않나니

원컨대 부디 꿈꾸며
너무 멀리
가지않기를

이우걸/1973 〈현대시학〉 등단. 시집 『지금은 누군가 와서』 『빈배에 앉아』 『저녁 이미지』 『사전을 뒤적이며』 『맹인』

시간時間

김 성 춘

시간의 강, 건너가는 법 아시나요?
시간이 시간에게 묻는다.

뗏목1 : 시간을 생 깐다
뗏목2 : 당신이 다 옳아! *
뗏목3 : 시간한테 화를 안낸다

시간이 시간의 강
재깍재깍 노 저어 가고 있다.

비로소 시간이 내게 왔다
최초의 물 한 방울로.

* 소설가 박민규의 〈문학적 자서전〉에서

김성춘/1974 〈심상〉 등단. 시집 『방어진 시편』 『비발디풍으로 오는 달』 외.

역시 大家들이니까

오 하 룡

문학사상 2008년 3월호의 고은 일기를 우연히 보다가
다음과 같은 단원을 만났다. 훌륭한 문학은 두고두고
생각을 많이 하게 한다고 했는데 이 글은 읽고 또 읽어도
끊임없이 나를 생각 속으로 끌고 들어가는 것은
역시 대가들의 행위이고 전언이고 기록이니
그러려니 하면서도 좋은 문학? 이어 선가.

'이 더위 속 당대 소총笑叢 한폭!
이문구한테 들었다.
부산의 두 대감 이주홍과 김정한.
그들 썩 재미있다.
부산 문인 10여명과의 술자리에서 작부에게
수음을 시켜서 누가 백즙白汁이 나오는가를 겨루었다 한다.
먼저 나와 버리는 쪽이 지는 것으로 정했는데
결국 너무 취한 나머지 양쪽 다 그것이
나오지 않아 무승부였다 한다.
향파 요산 그 자들 꽤나 고교생 풍류로군.'

오하룡/1975년 시집 〈母鄕〉 등단. 시집 『잡초의 생각으로도』, 『별향』, 『내 얼굴』 외.

폭설

권 석 창

이따금 폭설이 내려
집과 집으로 난
마을과 마을로 난
길을 지워버리는 것은
그리하여 너와 나를 오도 가도 못하게 하는 것은
사람과 사람이 그리 쉽게 만날 수 있는 게
아니라는 것을 일러주려 하심이다
그리하여 그리움의 전용도로인
하얀 길을 만들게 하려 하심이다
그리하여 눈이 녹을 때까지
밤새워 긴 편지를 쓰게 하려 하심이다
그리움의 자음과 모음이
맨발로 하얀 길을 가게 하려 하심이다

권석창/1977년 〈조선일보 신춘문예 〉 등단. 시집 『눈물반응』, 『쥐뿔의 노래』

임진강에서 만난 궁예왕

김 태 수

네가 임진강에 루어낚시 던지거나
거두기 되풀이 할 때
나는 금파리성터* 십일월 얇은 양지쪽 등대고 앉아
세월도 저 같을까 부하 왕건에게 쫓겨
강둑에서 헐떡이는 늙은 궁예임금을 본다 초라한
그 이마 주름 누가 그었나 일렁이는
임진강 빠른 물살 거칠게 만드는 저 물수제비들
네가 매운탕 거리 안 되는 어린 꺽지 길어 올리고
나는 미지근한 종이 팩 소주 나발 불며

닭다리를 찢었다 진짜 금파리 성터는
저 위 군사보호지역 안, 한탄강이 임진강을 만나고
또한 그 물 한강 되어 제 이름 잊고 흐를 것
역사는 갇히거나 때론 잊혀지거나 저 임진강물처럼
제 정신 아니다 안개 속 흐려지거나
흐르다 루어피싱 낯선 외래어外來語에 꿰어져
파닥이는 어린 새끼 꺽지처럼

네가 임진강에 루어낚시 휙 던지고
거두기 되풀이 할 때
나는 금파리성터* 십일월 얇은 양지쪽 등대고 앉아
닭다리를 찢었다 미지근한 종이 팩 소주

나발 불며, 부하 견훤에게 쫓겨
이럴까 저럴까 금파리성 까마득한 낭떠러지 서성이던
저물녘, 사내 궁예의 착한 역사를 본다.

* 금파리성터 : 경기도 파주군 파평면 금파리의 옛성. 고구려 궁예왕이 철원에서 피신해 거주하면서 쌓은 토성이며 길이 1500m 높이 6m였으나 모두 멸실됨

김태수/1978년 시집 〈북소리〉(詩人社)로 등단, 시집 『황토마당의 집』 『농아일기』 『베트남, 내가 두고 온 나라』 『겨울 목포행』

서사시

삼월에

-구두닦이 소년 오성원*을 노래함

이 윤 택

내가 태어났을 때
이상하게 내 곁엔 아무도 없었지요
처음부터 나는
빈 몸 하나
눈을 뜨면 내 눈에 비치는 건
흘러가는 구름 뿐
그래서 어릴 적부터 구름은 내 친구
나는 구름을 보고 웃고
구름을 보고 울면서
구름이 되고 싶었어요

내가 살아가면서
이상하게 국수집만 지나면 배가 고파요
나는 삼촌에게
국수 먹고 싶어
그 말 한 마디 하고 무지 맞았지요
고작 국수 한 그릇
국수 한 그릇 못 사 먹는 내 모습이 한심해서
삼촌 집을 나왔지요
내가 번 돈으로

국수 사 먹고 싶어서
구두통 메고
노래를 불렀지요

슈산 슈산보이 슈산 슈산 보이
슈슈슈슈 슈산보이 슈슈슈슈슈산보이

1960년 3월 15일에서 그 다음날 아침까지
보리수다방에서 남성파출소 사이에서

그날 밤 무슨 일이 일어났는지
나는 잘 모릅니다

자유당원이 달려가고
민주당원이 달려가고
학생들이 달려가고
부산일보 마산 mbc 기자가 달려가고
소방차가 물대포를 쏘고
순수시인 김춘수가 저항시를 쓰고
살매 김태홍선생도 거대담론을 논했다지만

저기 소리치는 돌팔매질
저건 우리와 상관없다고

세상이 썩어서
썩은 것은 저렇게 떼밀려 가고
우리는 썩은 세상 뒤지며
썩지 않은 것을 주워 먹고 사는 동냥아치라서
상관 없다고
그러는데,

나는 왜 여기에 서 있지
너는 왜 가만히 서 있지
우리는 왜 바보같이 가만히 있지?
아, 누군가!

바보 같은 내 청춘 터뜨려주었으면

*1960년 4.19혁명의 불씨를 점화시킨 마산 3.15의거 최초의 희생자는 구두닦이 소년 오성원이었다.

이윤택/1979년 〈현대시학〉 등단. 시집 『시민』『춤꾼이야기』 외. 평론집 『해체, 실천, 그 이후 』, 희곡집 『이윤택 공연대본전집 』 등.

영락원

박 태 일

세 알 콩깍지
네 알 콩깍지
마흔과 쉰 가파른 골목
아버지 헛디디시던 노래 소리같이
높낮은 다섯 알 콩깍지

저승에서도 아버지 어머니
나이 드셨을까
파묘한 고향 아버지
공원묘지 어머니 곁에 모신 뒤
다시 찾은 아침

콩깍지 마냥 좁은 납골함 벽무덤 아래서
아내는 위령기도
조곤 조곤거리고
나는 어제 저녁에 씹다 만 슬픔을
마저 깐다.

박태일/1980년 〈중앙일보 신춘문예〉 등단. 시집 『그리운 주막』『풀나라』 외. 연구서 『한국지역문학의 논리』 『한국 근대시의 공간과 장소』 외.

쑥 너씨유

박 남 준

거기가 꼭 충북 보은장날이었다고는 말 못해도 그 언저리부근 좌판을 벌려 쑥떡을 파는 아낙이 있었다는데, 봄날 춘곤증으로 졸고 있었다는데, 허참 좌판을 벌렸으면 되었지 가랭이는 왜 벌리고 조시나 그 앞을 지나는 한 영감이 아낙 조는 가랭이 사이 헐렁한 고쟁이 슬쩍 내비치는 거웃근처를 힐끔 거렸것다 허걱 침을 꼴딱 삼키더니 쪼그려 앉아 거참 쑤-욱 너바쓰면 조케따 그랬더니 화들짝 아낙이 질질 흘린 침을 쓱 치맛자락 잡아 훔치는데 그 통에 아낙 속고쟁이가 아예 홀딱 짠- 급기야 능청영감 뒤로 발딱 나자빠지고 아낙은 눈을 꿈쩍꿈쩍 쑥 너씨유 그랬다나 뭐라나 아무렴 쑥떡인데 쑥 안 넣었을라고 쑥국 끓이려 햇살 기웃거리는 쑥을 캐다 왜 그 얘기가 떠올랐는지 쑥 씻어 된장을 풀고 쑥 넣은 쑥국 먹는데, 자꾸 헛웃음이 나오는데, 헛심 팽긴 그 영감님 집에 가서 거시기 헌다고 머시기 헐라고 용용 죽겠다 죽을 동 살 동 용을 쓰며 쑥 너바쓰까 몰라

박남준/1984년 〈시인〉 등단. 시집으로 『다만 흘러가는 것들을 듣는다』 『적막』 외. 산문집 『산방일기』 외.

마음이 천재지변이다

백 무 산

창밖을 봐봐 눈이 와 저리 한 사나흘 퍼부었으면, 그런
전화 한통 못 한다
도시에 오는 눈은 금세 천재지변이다
금세 재난 상황이다 금세 쓰레기 대란이다
어느새 도시뿐 아니다
눈에 지워진 길 오지 않는 완행버스 기다리던
시골 할머니 화가 머리끝까지 나서
시골사람은 다 죽으란 말이냐! 내지르는
소리가 참 야속하다 그런데 어쩌나
시골에도 오전에 차가 끊기니 오후에 천재지변이다

저리 아름다운 눈 오시는 참에 밖으로만 나돌던
마음 갈피 쟁여 사나흘 전설이나 몸에 익혀둘 법도 하건만
하지만 또 어쩌랴 재난은 대부분 가난한 자의 몫
부자나라 쓰레기 때문에 물에 잠긴 땅은 가난한 자의 옥답
길 끊겨 고립이라지만 실상은 자립이 사라진 때문
사통팔달 길 뚫어놓고 사방으로 전파 쏘면서도 소통이 부재라는데
실상은 종속적 소통이 넘치기 때문
일 년에 공휴일이 백스무 날도 더 되지만 사나흘 눈이 오니 죽기
살기다
비행기를 타도 빠듯하고 백날을 놀아도 빠듯하다
아궁이에 군불 넣고 장독대에 쌓인 눈 털고
김치 내고 고구마 삶고 겨울 고요에 몸 담그는 일

적자다 눈도 비도 고요도 적자다

아직도 겨울이면 눈을 기다려 아이처럼 내내 징징 보채는 나도
어쩌다 오는 눈 눈 온다 좋아하기 민망하다 민망하다
동심이 천재지변이다
마음이 천재지변이다

백무산/1984년 〈민중시〉 등단. 시집 『만국의 노동자여』『인간의 시간』『거대한 일상』 등.

공양供養

이 월 춘

낚시 바늘에 갯지렁이를 꿰어 봄도다리를 낚는다
낚싯줄의 여기에서 저기까지는
물 밖에서 물 속으로 이어진 연민 혹은 사랑의 점선이다
손에서 지렁이 비린내가 난다.
갯지렁이니까 갯내가 나야 하는데
땅심 좋은 흙냄새가 난다
그 여름 아버지의 하관下棺 때도 그랬다
무엇이나 죽으면 흙냄새가 난다
마음의 코가 없어도 맡을 수 있다
아지랑이가 만물의 입김이라면
흙비린내는 산이요 강이요 매화나무 몸내음이다
내 한 몸도 누구의 공양이 될 수 있을까

이월춘/1986년 〈지평〉과 시집 〈칠판지우개를 들고〉로 작품 활동. 시집 『산과 물의 발자국』, 『그늘의 힘』 외

어떤 이무기

이 응 인

낙동강 8군데
강물을 막고 나무를 베어내고
심장을 도려내고
바닥을 파서 긁어내고
생명 가진 것 다 없앤 뒤
쇠막대기를 꽝꽝 박아 넣고 시멘트를 산더미로 붓자
거기 거대한 이무기가 태어났다.

옛날에 왜적을 물리친 박곤 장군이 고향 무안에 내려와 있을 땐데
나흘 동안 장대비가 쏟아져 강이 찰람찰람 넘칠 지경이었어.
마을 사람들이
"둑 터지면 죽는다, 다 죽는다."
아우성치는데, 강 이쪽에서 저쪽으로
무시무시하게 큰 이무기가 몸을 걸치고 있어.
사람들이 겁을 먹고 소리만 질러대네.
박 장군이 활을 들고 나가 단박에 화살을 날렸지.
살 맞은 이무기가 꾸불텅 꾸불텅 하다가
그만 물 속으로 스르르 내려앉으니, 강물이
그 출렁출렁하던 강물이
마을을 덮치려던 강물이, 쑥
빠졌단다.

이응인/1987년 〈전망〉 등단. 시집 『어린 꽃다지를 위하여』 외.

탄현彈絃
—석간신문을 읽는 명태 씨

성 선 경

나는 낡은 기타
이젠 소리통도 관절염을 앓는데
네게로 가는 생각
긴장이 널어진 빨랫줄 같은데

어찌 알고 저 봄 꽃가지들이
입춘의 나비들을 만들어 내듯
늙은 음표들 제비같이 전깃줄에 내려앉는다.

가로등을 타고 올라 피워낸 높은음자리표
아침을 맞은 나팔꽃같이 활짝 피어서
뼈와 가죽만 남은 관절을 꺾어
늙은 우륵이 현을 고른다.

이제 우리 제비꽃이나 키우며 살까?

너는 호호 묻는 오선지
나는 무덤덤 낡은 기타.

성선경成善慶/1988년 〈한국일보 신춘문예〉 등단. 시집 『널뛰는 직녀에게』 『몽유도원을 사다』 『모란으로 가는 길』 외.

모래톱은 숨 쉬고 싶다

강 미 옥

물길이 만들어 놓은 흔적은
꿈꾸는 섬과 같아서
많은 이야기
물새 발자국이 들려준다

폭우가 만들어 놓은 억겁 세월
노을 젖은 물길에선
조약돌 소리가 난다

파도는 따로 호흡하지 않는다
다만 쉬지 않고
모래톱을 두드리는 것이
저만의 호흡법인데
지금,
덤프트럭에 위협받고 있다

은빛모래와 조약돌
물무늬로 반짝이는 물고기
언젠가 패이고 잘려 나갈 갈대밭
대체 개발이라는 것은?

강미옥/1989년 〈민족과 지역〉으로 등단.

한강로 2가 철거민*의 약점

박 성 웅

소통을 단절하고, 퇴로를 차단하고
찌지직거려도 부리나케 주파수는 뻗어나갔다.
진압의 내용은 모호하나
예정에 영향을 줄 수도 있다.

수많은 층의 전체에서
개체의 선택은 조급증일 수 있다.
어쨌거나 생과 죽음을 입증하듯
다비식茶毘式에 이르는구나.

이쪽에서 저쪽까지의 제의祭儀,
그곳에서는 낯설 수 있다.
형편에 대해서, 모든 것에 대해서
관행의 끔찍함이 번뜩인다.

그리하여 한 번의 삶의 형태,
분출구에는 시간만 지나가 버린다.
봄이 됐다면, 곡절 따질 수 있다면
조등 걸고 조문한들 무슨 소용이겠는가.

*註: 2009, 2, 4 신문, 방송은 용산 참사로 보도.

박성웅/1982년 〈한국문학〉 등단. 시집 『뾰족구두』 외. 시선집 『새』.

여행자

김 언 희

아무도 기다리지 않는 곳에서, 아무도 기다리지 않는 곳으로

비행기를
타고
간다

아무것도 안 보이는 곳에서, 아무것도 안 보이는 곳으로

밤 열차를
타고
간다

아무 생각도 나지 않는 곳에서, 아무 생각도 나지 않는 곳으로

새하얀 베개들이 끝없이 놓여 있는
텅텅 빈 침대칸에서
혼자

말이 안 나오는 곳에서, 말이 안 나오는 곳으로

김언희/1989년 〈현대시학〉 등단. 시집 『트렁크』 『말라죽은 앵두나무 아래 잠자는 저 여자』 『뜻밖의 대답』

매화

동 길 산

꽃망울 얼마나 피었나 헤아리다가
스물 몇 알 넘어가면서 그만 놓치네
잔가지에 붙은 꽃망울이
어떤 것은 여섯 알
어떤 것은 일곱 알
가짓수 알면 대강은 알겠다 싶어
잔가지 하나둘셋 헤아리다가
스물 몇 가지 넘어가면서 또 놓치네
헤아리다 놓쳐도 좋으니
많이만 피기를 바랐던
내 젊은 날 꽃망울
헤아린 꽃망울을
헤아린 잔가지를
일일이 표시해 둘 수는 없는 일
그럴 수 있다고 해도 그럴 수는 없는 일
헤아리다 놓친 꽃망울을
처음부터 헤아리네
헤아리다 놓친 잔가지를
처음부터 헤아리네

동길산/1989년 〈지평〉 등단. 시집 『뻐꾸기 트럭』 외. 산문집 『길에게 묻다』

화엄 사막

권 경 인

마닐라 호텔 근처 한국 식당에서 알탕을 먹는다
늦은 저녁을 먹기 위해 헤맨 끝에 겨우 만난,
늦도록 불 밝히고 문 연 곳은 거의 한국 식당뿐
금발의 이방인들이 기품있게 앉아 한국음식 먹는다
가장 위대한 힘이고 결국 마지막 희망이 될 밥 한 그릇
여배우 뺨치는 미모의 어린 처녀가 디저트로 수정과를 권했지만
배부른 밤 빗소리만 실컷 들이마셨다
단지 멀리멀리 떠나고만 싶었던 것일까
사막을 피해 떠난 사막에 또 다른 전갈이 들어앉듯
온갖 불행과 악덕이 봉인 해제된 곳
그 가혹하고 저렴한 생의 인연들 속에서
희망이라는 함정을 뛰어넘으면 내생도 바로 이 길인 것처럼
화엄사막에 떨어진 몸 하나로 화엄사막을 걸어가는 것도
운명이다
바람이 힘껏 제 품을 열어젖히는 비 오는 낯선 거리에서도
자유란 그렇게 믿고 싶은 자의 생각일 뿐
나는 운명을 믿지 않는 사람을 믿지 않는다

권경인/1991년 〈한국문학〉 등단. 시집 『변명은 슬프다』

폐자재가 글썽글썽 흘러내렸다

이 종 만

마음속에는 정비사 한 분이 있다
갈이 끼울 것이 많아
한번도 외출을 한 적이 없다
늘 범람원이 허허로운 것은
부속품을 찾으려
그가 동분서주하는 때문이었다
버드나무가 오염된 강을
바짝 들여다보듯
남의 마음속을 들여다보자
보일러 수리를 해야 한다는 소리에
화들짝 놀라도록 해
내쫓아버리려 하여도
먹을 것을 달라 하지 않는다
돈을 요구하지 않는다
그는 청청한 힘으로
우주에도 차는 양심이란 부속을
한순간 갈아 끼워준 적도 있다
눈에는 폐자재가
글썽글썽 흘러내렸다

이종만/1992년 〈현대시학〉 등단. 시집 『오늘은 이 산이 고향이다』

머지않아

서 정 홍

옆집 진돗개와 황소는 폐암에 걸려
하루에도 몇 번씩 피를 토하고
앞집 사슴과 돼지는 백혈병에 걸려
시들시들 죽어가고
뒷집 염소와 오리는 간경화로
배가 산더미처럼 부어오르고
우리 집 닭은 아토피가 심해
밤에도 잠을 자지 못하고 긁어댄다.

농약과 방부제와
또 무엇이 들었는지 알 수 없는
수입 사료를 먹고 자란 병든 짐승들이
어디론가 줄줄 사라진다.

병든 짐승들의 고기를
구워 먹고 삶아 먹은 사람들도
병든 짐승들 따라
어디론가 줄줄 사라진다.

서정홍/1990년 제1회 마창노련문학상, 1992년 제4회 전태일문학상, 시집 『58년 개띠』, 『아내에게 미안하다』, 『내가 가장 착해질 때』 외

기도

이 종 암

십오 년 전 오어사 원효암 오른 적 있다

아내 뱃속에 새로 생명을 얻은 그때
나는 서른한 살이었다
늦은 가을 암자 툇마루에 앉아
바람에 떨어져 어디론가 퍼얼-펄 날아가는
감나무 이파리 하나에도 마음을 모았다
내게 건너오던 생명
놓아버린 크나큰 죄 빌고 또 빌면서
다시 오고 있는 뱃속의 생명 온전히 달라고

아내는 오늘도 암자에 오른다
눈이 퉁퉁 붓도록 울며 기도하고
절 한다
어렵게 건너온 고운 생명 하나
활짝 피어나 제 웃음 다 웃게 하시라고

이종암/1993년 〈포항문학〉 등단. 시집 『물이 살다 간 자리』『저, 쉼표들』

빈 배

박 서 영

묶여있는 빈 배들이 서로를 밀어낸다
오른쪽 심장과 왼쪽 심장이 서로를 밀어낸다
사랑과 결별이 서로를 밀어낸다
어딘가 함께 간 적도 있으리라
바다의 심장 두 척

속이 텅 빈 신석기 시대 심장이 발견되었다고 한다
검은 혈흔이 있는 환목주丸木舟
고래를 잡으러, 세월을 잡으러, 당신을 잡으러 다녔던
경상도 사내와 가시내의 심장

밤바다에서 발굴된 빈 배
흙 속에서 발굴된 빈 배, 어딘가 함께 간 적도 있으리라
이승과 저승의 심장 두 척
아직도 서로를 밀어내느라 삐걱삐걱 노 저어가고 있다
오른쪽 눈동자와 왼쪽 눈동자가 서로를 밀어낸다
나는 자꾸 이 모든 것을 묶으려고 한다
하나의 문장으로 묶여있는
두 척의 빈 배
왼쪽 페이지와 오른쪽 페이지가 여전히 젖어있다

박서영/1995년 〈현대시학〉 등단. 시집 『태양이 거미를 문다』

사동교도 한 말씀

박 구 경

느티나무씨! 타작마당 거기서 만날 나를 내려다보며 우습게 알고 있는, 나는 웬만하면 말을 잘 안 하는 곰골마을 금곡천 위의 사동교라는 다리요 봄비는 줄줄 내려 내 아래로 새 물길이 졸졸 트이는데 겨우내 바짝 타던 갈증이 좀 풀리려 하는 때 타작마당 당신, 느티나무씨가 자꾸만 제 자랑만 해 대는 것이니 자랑에는 자랑만 있는 게 아니고 슬픔도 있는 것이라 강조해 한 마디 하는 바요 해마다 당신 몸뚱이에 황금 새끼를 치고 막걸리 한 말씩 부어 주었던 남해댁은 이 마을로 시집 올 때부터 나를 밟고 건넜다오 아니라니까! 또 그러시오? 2리 쪽으로 온 새댁들은 모두 진주나 외지에서 시집 온 아지매들이고 남해나 삼천포에서 시집 온 처녀들은 배꽃 살며시 피고 감꽃 지천으로 피어 잔물결 아지랑이처럼 이르는 이 금곡천 위를 건넜다오 목소리가 높고 맑게 울리는 소리나 그 모양도 자랑은 자랑이라고도 하오만, 앞 들 건너는 늙은 다리가 진심으로 받아치는 이 말을 왜 그리 우습게 아시오? 느티나무씨! 나는 분명히 보았으니 자꾸 억지 부리지는 마시오! 남해댁 시집오던 그 날은 삼월삼짇날이었고, 읍에서 걸어온 신부 남해댁과 그 일가들이 남해댁 오빠를 선두로 장전 노루밭 입구에서 가마로 갈아타고 우리 마을 쪽으로 들어오는 것을 이 두 눈으로 똑바로 봤단 말이오 당신 느티나무씨! 남해 새댁이 나를 건너며 이 다리를 건너면 다 온 건가요? 하고 다홍치마 초록저고리에 자주고름 목소리로 살포시 물어서 내가 분명히 두 다리에 힘을 잔뜩 주고 어서 오시라고 이제 다 오셨다고 신부를 맞았단 말이오! 내 비록 개울 위에 납작 엎드려 사는 몸이라지만 느티나무씨! 당신이 너무 늙어져 베어지면 마지막으로 내가 당신을 건너보내야 할 것이니 내 맘에도 쓸쓸함이 참 있다오 그러니 지난달 우리가 보낸 남해댁 생각으로 말싸움이나 억지소리는 그만 두시길 바라오! 자랑이란 어찌씨에는, 얇은 쇠붙이 따위가 서로 가볍게 부딪쳐 짧게 울리는 소리라는 뜻도 있다고 부연하오만,

박구경/1996년 〈문예사조〉 등단. 시집 『진료소가 있는 풍경』, 『기차가 들어왔으면 좋겠다』 외.

구름에 달 가듯이

유 홍 준

저녁 일곱 시 반엔 모두들 약을 먹어요 환자복을 입은 백 명의 환자들이…… 약이, 없는 자는 없어요 약을 먹지 않아도 되는 자는 없어요 폐쇄병동 밖 캄캄한 밤하늘은 밤새 노란 알약 노란 달이라는 알약 한 알이면 족해요 그러나 우리는 한 움큼 먹어야 해요 하늘보다 더 많이 먹고 별보다 더 많이 먹어야 해요 내 목구멍을 넘어간 알약들은 밤새 구름에 달 가듯이 갈 거예요 차갑고 축축한 은하수를 지나 어둡고 칙칙한 내장을 지나 쓸쓸하고 비참한 복도를 지나 부르르 부르르 어깻죽지를 떨며

나의 알약들은

구름에 달 가듯이, 구름에 달…… 가듯이

유홍준/1998년 〈시와반시〉 등단. 시집 『喪家에 모인 구두들』, 『나는, 웃는다』

회전찻잔

류 인 서

찻잔 속의 태풍이나 되자, 그들은
달그락대는 찻잔입술들을 손가락마다 달고
뜨거운 빈 찻잔 안으로 뛰어들었다
시계 방향으로 달리는 찻잔들과
반시계 방향으로 달리는 스푼들의 행렬
돌자꾸나 그저, 생이 둥글어질 때까지
요람도 아닌 찻잔 안에서
취한 배처럼 비틀거리며 멀미져 엎질러지며
찻물이 아닌 그들은

세계의 테이블 위에 놓인
한 컵의 심장
두 스푼의 소용돌이,
지붕이 없는 컵 속에서 빵처럼 익어 부푸는
구름들의 숨,이었다

찻잔 밖에서 찻잔을 말하기는
생각만큼 쉬운 일이었다 그들은

류인서/2001년 〈시와 시학〉 등단. 시집 『그는 늘 왼쪽에 앉는다』, 『여우』

세탁소 김씨

김 경 숙

스무 해 가까이
치익치익 작업대 위에서
세탁소 앞 평상에 가파른 골목을 내려놓고
아스팔트 헤진 실밥을 뜯어내거나
담 모서리 허물어진 그늘을 짜깁기 하는 사이
이웃집 밥 익는 냄새와 달그락거리며 끼니 챙기는 소리들이
담을 넘어오는 사이
때때로 술 취한 화분이나 멱살 잡힌 숟가락들이 악다구니를 쓰며
담을 다시 넘어오는 사이
낡은 지갑 속 납부기한 지난 고지서들 편두통을 앓고
옥탑 방에 사글세 사는 빛바랜 빨랫줄과 하늘 사이
개 짖는 소리와 일일 연속극이 적당하게 볼륨을 낮춘 골목에서
수시로 낯익은 지붕들이 때 절은 그늘을 들고 와서
김씨가 헹구어낸 반듯한 햇살로 갈아입고 가는 사이
머리 숱 듬성해진 간판과 틀니 사이
쿨럭이는 가로등과 보푸라기 사이
돋보기 너머 자꾸 헐거워지는 재봉틀로
액자 속 훈장처럼 빛나는 손은
백혈병에 솔기 터진 아내의 정맥을 마름질 하며
이순耳順쯤에도 줄지 않는 궁색한 가난을 치익치익
한 가닥 꿈을 덧대어 박음질 하는 골목 끝
붙박이 김씨 세탁소

김경숙/2007년 〈월간문학〉 등단. 시집『이별 없는 길을 묻다』외.

제 3 부

자갈치서

손 경 하

자갈치 건너
영도 대평동으로
장꾼을 싣고 왕복하던
통통 나룻배는 지금도
무시로 오고 가는지
현대식 자갈치 건물
노천 해변 베란다에서
귀 익은 갈매기 울음과
바다 냄새를 안주 삼아
늙어버린 나는 홀로 잔을 들고
세월을 거스르는
풍경에 잠긴다
—내 친구 천상병 시인은
　퇴근할 친구 기다리며
　나룻배를 내리지 않고
　성근 머리카락 해풍에 날리며
　아직도 왕복하고 있는가
　해질녘 술시까지.

손경하/1956년 〈시연구〉지 등단. 1953년 〈신작품〉 동인. 시집 『인동의 꿈』.

가슴의 벽돌

김 규 태

홍수 질 무렵 저녁 답에
지리산 대성계곡이나
피아골을 가보라
죄 잔뜩 지은 가슴에
슬픈 벽돌 많이 쌓아 올린 사람들아,
그대들과 나를 대신하여
후련히 고함치며 털어 놓는
저 우람하고 넉넉한 참회의 물줄기,
쏟아지는 것 볼 수 있다
혼자 부르짖는
목 메인 폭포 같은
물결의 부서진 등짝에 올라타고
밑간 데 없이 흘러가보라
끝내 부서지지 않으려고
저 아픈 벽돌의 잔해들은 웅성댄다
물의 몸은 아래로만 던져져
막장으로 달리는 돌파구같이
쓰리면 쓰린 대로 안아 들고
산더미같이 울렁거리는
속가슴 털어 놓고
목 놓아 울지 않으려면
다시 돌아서지 말고
가슴을 추슬러야 한다

물갈기 사나운 길목을 끼고 돌아
발톱이 닳아 빠져 나가도
한 방울 피 흘림도 없이,
한 방울 눈물 적시지 않았다
가슴에 쌓아 놓은
멍에의 벽돌 사이로
왜 흐르지도 않고
마르지도 않는 눈물이 남아 있는가

김규태/1957년 〈문학예술〉과 〈사상계〉 등단. 시집 『철제장난감』, 『졸고 있는 신』, 『들개의 노래』, 『흙의 살들』

해법

김 석 규

자고 깨면 또 세종시다
역사상 가장 성왕이신 세종대왕
꿈자리 사나울라 말도 많으니
해법은 있다.
영특한 세종대왕 유지 받들어
서울대 연세대 고려대
우선 대학부터 싸그리 옮겨 놓고
두루 백 리 안쪽에 사는 학생
무시험 추천으로 입학시켜 준다면 된다.
그때는 또
돈깨나 힘깨나 쓰는 학부모
뿌리 깊이 박힌 막강한 인맥의 동문
동창회에서도 들고 일어날까.
그러면 할 수 없지
애당초 정해놓은 원안대로 가는 수밖에

김석규/1965년 〈부산일보 신춘문예〉 당선. 〈현대문학〉 천료. 시집 『풀잎』 『섬』『훈풍에게』『청빈한 나무』 등.

불꽃눈송이

이 상 개

삼월 초입 내린 눈은
지상을 뜨겁게 달구었다
처음 원무를 그리던 눈송이들이
폭설로 안면을 바꾸었고
융단폭격을 맞은 지상은
무성영화의 화면 속에 누워있다.
이제는 다시 일어서야 한다며
젊은 날의 객기가 도진다
달구고 두들기고 벼린 먼 추억의
쓸쓸한 중량을 가슴에 안고
하얗게 변신하는 나는
나는 활활 타오르는 불꽃눈송이.

이상개/1965년 〈시문학〉 등단. 시집. 『파도꽃잎』 외.

제철소 후판공장

유 병 근

저 불가사의의 황천길에게
불의 세례를 받는 무간연옥에게
장엄한 운구행렬의 침묵에게
뼛조각 하나 남기지 않는 탐욕에게
섭씨 삼만 삼천도의 수다에게
짐작할 수 없는 천길 악다구니에게
불의 낭떠러지 깊은 적멸에게
혓바닥 이글대는 일촉즉발에게
불꽃 속에 녹아 흐르는 우격다짐에게
느리게 웅얼대는 상두꾼 앞소리에게
침묵은 금이라던 그 귀양살이에게

다 같이 일어서서 경배 합니다

유병근/1970년 〈월간문학〉 등단. 시집 『소낙눈』 외.

새와 새장

윤 상 운

새에게 물었다.
숲에서는 원하는 만큼 자유를 누렸니
아침에는 먹이를 찾으러 날고
저녁에는 돌아와 쉬는 일상의 반복이
나를 구속했죠
한 번도 자유롭다는 생각을 못했어요
날개를 잃자
가둘 수 없는 하늘을 얻었어요

오랫동안 나는 새장에 갇혀 있었다
삶 죽음 사랑 독재 민주
궁핍 정의 진리 외로움
이런 언어들로 이루어진

나는 침묵을 통해
자유에 이르는 법을 찾아 나섰다

윤상운/1973년 〈조선일보 신춘문예〉 등단. 시집 『배롱꽃 붉은 그 길』, 『행복한 나뭇잎』 외.

나자렛을 꿈꾸며

정 대 현

원수를 사랑하라는 그대 말에
일단 경의를 표한 다음
살을 비우고
피를 비우고
밥을 비우고
사흘만의 부활도 비우고, 빨리
빨리 비우고
죄 없는 자 던질 돌, 돌의 아낌없는
식량이 되어 본 들,
아 그래, 상처뿐인 그대 모든 그리움의 그림자가 되어가는 내 생각의 목마름,
그 심심하고, 자갈 물린 소리를
누가 숨어서 숨 가쁘게 읽을 것인가,
누가 그 숨 가쁜 이름의 하염없는 생로병사가 될 것인가.

정대현/1974년 〈현대시학〉 등단. 시집 『나는 지금 추억이 되고 있다』

까마귀 소리

이 해 웅

까마귀가 울었다

나는 '아' 라고 읽었다
너는 '까' 라고 읽었다

그는 우리를 보고
고개를 갸웃했다

다시 까마귀가 울었다

너는 '아' 라고 읽고
나는 '까' 라고 읽었다

우리를 번갈아 본 그는
혼자 불평하듯
'아' 도 '까' 도 아닌 소리로
지껄이며 날아갔다

이해웅/1973년 시집 〈壁〉으로 작품 활동. 시집 『씨족 마을』, 『반성 없는 시』 외. 시선집 『산천어가 여는 아침』, 시전집 『시간의 발자국들』(I · II)

의정부역 광장

하 현 식

벗은 꽃들이 마주보며 웃었다
붉은 입술이 벙그는 동안
나이트라짓을 삼킨 붓꽃은
보랏빛 색기를 뿜어냈다

잠시 동안 살 섞는 물소리 지나가고
별이 내리는
일호선 국철의 기적이 울렸다
호랑이발톱가시나무의 잿빛 열매가
정지된 분수대의 발치에 떨어지고
수은등의 눈알 가득
졸은 퍼붓는 자정이 젖었다

카키색 외투를 걸친
귀향 군인들의 어깨너머로
시린 그믐달이 저물고
승천하는 여자들의 길이
골목 어귀를 돌아나갔다
서리가 흥건한 시멘트 바닥 위로
눈 뜨는 새벽이
도보행렬을 지으며 수근거렸다.

하현식/1973년 〈현대시학〉 등단. 시집 『그해 여름의 눈보라』 외.

시인의 눈

정 순 영

시인의 눈은
솔향 그윽한 산길에서 도포자락으로 세월을 펄럭이다가
산을 뚫고
산맥을 본다.

시인의 눈은
시대의 먹구름에 억눌려 아파하다가
구름을 뚫고
태양을 본다.

사람을 만나
꽃을 피우고
지는 꽃의 슬픔으로
눈물 흘린다.

시인의 눈은
그리움으로 밤을 지새다가
그 밤을 뚫고
사악한 무릎을 꿇어
기도 한다.

정순영/1974년 〈풀과 별〉 천료. 시집 『침묵보다 낮은 목소리』, 『추억의 골짝에서』 외

엘렉트라의 역습
-실험적인 너무나 실험적인

박 청 륭

총구를 벗어난
실탄이 실탄을 뒤따라가는
숨 가쁜
추격
하나 둘
호흡 헤아리기에 들어선
내 입술은 마르고
다시 불붙은 바람이 몰려간다.
보잘 것 없는
돌소금에도 망가지는
내 임플란트
녹 슨 칼날이 무너진다
무
너
진
다

박청륭/1975년 〈현대문학〉 등단, 시집 『불의 假面』외, 시론집 『현대시평설』

작은 눈사람

신 진

삼정빌라와 청구빌라 사이 소공원에 누군가가 만들고 간 눈사람인지. 만들다만 눈사람인지, 혼자 밤을 새고 있다. 밤을 새는지, 밤새 녹고 있는지, 밤에도 자라고 있는지. 머리 하나에 몸뚱이 하나

인지, 목, 팔, 다리, 잘리고 남은 것인지. 더 자랄 몸뚱이 하나에 머리 하나인지, 남녀 화장실 하나에 스무 그루의 관목이 둘러선 소공원에 버려져 있다. 아니 지키고 있다.

어느 병정이 이 따위 빈 뜰을 지키랴? 느티나무 두 그루, 이팝나무 열두 그루. 두 척도 못되는 아이 눈사람 그리고 지노가 지키고 있다, 눈, 코, 귀, 입이 자라지 않은 3등신 아이 눈사람, 사람 내장 복제 돼지 지노, 머리하나에 몸뚱이 하나가 말한다 아니 소리 지른다. 아무도 듣지 못한다.

중국식 체조를 하던 노인, 다리를 쉬던 중년, 달리다 넘어진 아이, 듣지 못하고 잠든 시간. 느티나무 두 그루, 이팝나무 열두 그루, 단풍나무 네 그루, 소나무 세 그루. 그리고 소나무 밑의 벤치 둘에 화장실 하나, 그리고 복제돼지 2세 지노가 그의 소리를 듣는다. 작은 눈사람이 세상에게 말하는 소리, 소복, 소복, 소복, 소복, 소복, 소복, 지노, 소복, 소복, 소복, 소복, 소복, 소복, 소복, 지노, 소복 소리 들린다. 지키는 소리인지, 버려진 소리인지, 자라나는 소리인지 밤이 깊을수록 또렷하다.

신 진辛進/1976년 〈시문학〉 천료. 시집 『멀리뛰기』외. 논저 『우리시의 상징성 연구』 외.

외딴집 구멍가게

강 영 환

하루에 두 번 다니는 버스 정류장 곁에
손님도 들것 같지 않는 구멍가게를 열어놓고
머리 하얗게 센 할머니가 지키고 앉아
종일토록 들판을 멀리 내다보는 것은
늘 그렇게 먹이를 찾아 기특하게 내려앉는
갈가마귀 떼를 보는 일 말고도
행여 길을 묻는 나그네가 있어
한마디 말이라도 던져보고 싶은 뜻이
가게 보는 일보다 더 많은 것이다

색 바랜 건빵봉지 위에 묵은 먼지가 하얗고
오랫동안 손이 가지 않은 진열대에
이 빠진 물건들이 채워지지 않아
듬성듬성한 졸음들이 수시로 지나간다
양지쪽에 앉아 졸고 있는 갈색 고양이도
늙어서 귀찮은지 곁에 와 주지 않는다

고장 난 티비는 소리하지 않은지 오래 되었고
내리는 사람이 없을 때 버스는 그냥 지나쳤다
멈춰 선 버스에서 기껏 한 두 사람 내릴 때도
길을 물으러 애써 드는 사람은 없었다
한 달이 지나도록 사람구경 못한 할머니는
가게 밖을 내다보는 궁색을 보이지 않았다

그저 흘러내리는 센 머리카락을 쓸어 올릴 뿐

들판이 얼마나 자주 변하는지 아는 사람이라면
외롭다거나 쓸쓸하다는 말은 모를 것이다
바람이 몰고 다니는 지푸라기 운행이나
떨어져 뒹구는 낙엽들 모여 길손이 되어주는
겨울이 깊었는데도 고개 숙이지 못하는 억새가
지치도록 몸 흔드는 바람에 얼마쯤 견뎌낼 것인가
가늠하는 사이 하루 햇살이 사위어가는 것이다

추수 끝난 들판 끝에서 몰래 밤이 왔다
버스도 끊어지고 갈가마귀 떼도 집으로 돌아간 뒤
어둠은 서서히 몸을 불리면서 들판을 덮고
아무도 오지 않는 낮은 지붕도 감췄다
누구를 기다리고 있는지 늦은 밤에도
구멍가게 여린 불빛은 꺼지지 않았다

우주를 가던 소리들이 모두 잠적해간 길 옆
지상에서 낮은 지붕이 켜든 등불 하나
가물거리는 눈빛을 보살피기 위해선지
하늘에서 숱한 별들이 등불을 켰다 껐다 하며
번갈아 피우는 재롱을 멈추지 않는다
할머니가 잠든 줄도 모르고 새벽이 올 때까지

새벽이 오자 어둠은 스스로 물러났다
들판 끝으로 가서 누가 볼세라
별들이 피운 재롱을 거두었다
몸단장을 끝낸 할머니가 가게에 나앉으면
어느 틈엔가 몰려 온 갈가마귀 떼가
새 버스가 당도할 때까지 눈요기가 되어주었다

강영환/1977년 〈동아일보신춘문예〉 등단. 1979년 〈현대문학〉 천료, 시집 『산복도로』 『불무장등』 외.

萬魚寺 돌길

오 정 환

만어사 가는 길
늘어나는 돌 바위 무더기
길 옆 싸리꽃에 뻐꾸기 울음
산 속 적막 깨뜨리는 영혼의 소리

고단한 삶이라도 식구들 모두 모여
구수한 토장 신 김치 한 입으로 웃으며
흙돌 담장만큼 따스했을 것 같은데
햇살 고요히 깃드는 마을 텅 빈 집터

누워 있고 서 있는 기묘한 형상의 돌들
바위 닦아 지른 돌길 반질반질 윤이 나고
바람에 흔들리는 노오란 꽃잎

용왕의 아들 낙동강을 건너
무척산 신승 찾아 살 곳 일러 달랬더니
'가다가 멈추는 곳'
거기가 바로 인연의 터라는 법문

만 마리 물고기들 함께 길 잡아 가다
용왕 아들 미륵돌로 변신하고
물고기들 그 모습대로 굳어버린 곳
잠깐 머물러 쉬었던 자리 萬魚寺

오정환/ 1981년 〈한국일보 신춘문예〉 등단. 시집 『맹아학교』, 『물방울노래』

서투른 기록 · 93

조 의 홍

꽃이 피면 떠날 수 있겠지. 그대 집 처마 아래서 한 구절 경전을 읽고 그리고 꽃이 피는 만발의 세상, 다시 돌이킬 수 없는 꽃피는 세상은 놀라워라 어린 새들이 하늘을 날아 구름 속으로 가는 일. 나는 숙연해진 경전 한 구절을 더 읽네. 성급하게 핀 꽃들이 조금은 어색해도 세상에는 그렇게 꽃들이 핀다네.

조의홍/1981년 〈심상〉 등단. 시집 『꿈 · 2408』, 『닐리리야 또 닐리리』 외.

윤회

최 휘 웅

나는 전생에서 무엇이었을까
힘없는 해변의 잔잔한 모래였거나
중뿔나게 불거진 자갈돌이었거나
물밑 바위틈에 도사리고 앉은
투명한 빛깔의 조개껍질이었을 것이다

그래서 이승에서는 도둑고양이로 산다.
남의 집 지붕 위에 앉아
세상이 다 내 것이라고 아우성치며 산다.
야광의 눈빛 뒤에 발톱을 감추고
언제든 뛰어내릴 각오로 포획의 꿈을 꾼다.

잔잔한 모래는 늘 발밑에서 신음하고
불거진 자갈돌은 내미는 머리부터 두들긴다.
내 안의 조개껍질은 투명함을 잃었다.
검은 칼날이 심장을 오릴 때까지
이 지붕에서 저 지붕으로 뛰고 또 뛴다.

저승에서는 사막의 캄캄한 달이 될 것이다.
아니면 깡마른 겨울 한천에 뜬 등燈처럼
잎이 진 가지에 홀로 매달린 투명함으로
외로움 끝에 선 한 알의 연시가 될 것이다.
아니다. 세상 등진 절 뒤의 향나무로 있다가

참회하며 소신燒身하는 명부전의 향이 되리

최휘웅/1982년 〈현대시학〉 등단. 시집 『녹색화면』 외. 평론집 『억압. 꿈. 해방. 자유. 상상력』

윤회

최 영 철

소가죽 구두 신고 한참을 가다보니
다른 길이다
내 발에 고삐
고삐가 끄는 길

고삐를 풀고
소가 가고 싶었던 길
소가 가지 못하도록
고삐를 바투 쥐고 있었던 길

너 잘 걸렸다
소가죽 구두가
내 가고 싶은 길 붙들고 놓지 않는다

최영철/1986년 〈한국일보 신춘문예〉 등단. 시집 『호루라기』 외. 산문집 『동백꽃, 붉고 시린 눈물』 외

나뭇잎, 죽다

정 의 태

낙엽이 지고 있었느니 그 한 잎이 콘크리트 벽을 휘익 할퀴며 갔지만
선線은 그어지지 못한 채 자그마한 흠집마저 거부 되었으나
분명 나뭇잎은 콘크리트 벽을 질책하며 지나간 것이라
달빛은 생각한다.
흔적은 흔적을 거부할 줄 모른다. 사람들은 달리 그리 보려하지 않는다.
낙엽이 가는 길을 콘크리트 벽이 방해하였다는
바보스럽지 않는 발상을 바보스럽게 여기며
곱게 한 잎 나뭇잎이 죽음의 길로 간 것이란 단정도 짓지 못한다.
나뭇잎은 나뭇가지에서 떨어지며 죽는다.
죽음이 남길 줄 아는 것, 벽壁은 어디에서 멀어지는가.

정의태/1987년 시집 〈고독한 자의 수레〉와 동인지 〈문예수첩〉으로 활동. 시집 『까치는 늘 갈 곳이 있다』 외.

시차극복

탁 영 완

드디어 내게 아침이 왔네
나는 맑아서 창밖 나무의 초록 내음과
초록 바람에 움직이는 아침을 보았네
제대로 본다는 것 제대로 느낀다는 것
드디어 나를 돌려 받았네
이제 내게 저녁은 저녁이 되어 올 것이며
밤은 밤으로 포근히 침상으로 찾아올 것이네

낮에 잠들어 꿈꾸지도 않을 것이네
살랑대는 잎새들이 빛을 섞어 짜고 있는
몽환의 그물에 걸리지 않을 것이네
밤에 일어나 앉아
사랑 그대조차 거꾸로 읽지 않을 것이네
그대와의 거리 이제사 확연히 멀어
드디어 내게로 내가 왔네.

탁영완/1988년 〈시문학〉 등단. 시집 『너를 건너다』 외.

만주에서 만두를 먹으며

조 해 훈

가도 가도 먼지만 일으키는
정말 지겨울 정도로 끝이 안 보이는 만주벌판
낮 동안 땅꾼처럼 먼지 덮어쓰며 돌아다니다
늦은 저녁을 먹으러 시골식당에 들어가
통에 담긴 약초술을 컵에 따라 마시며
만두를 주문한다
종류별로 조금씩 다 주세요
큰 것, 작은 것, 속이 있는 것, 속에 아무 것도 없는 것
욕심스럽게 두 세 개씩 먹다보면
밀가루냄새가 속에서 올라오는 것처럼 거북스럽지만
내일 들릴 다른 식당의 만두는 또 어떻게 생겼을까
낮의 일보다 더 궁금해진다

조해훈/1989년 〈한국문학〉 등단. 시집 『조선통신사』 『실크로드 사람들』 외.

낙지는 나아간다

강 경 주

밑바닥이 없는 캄캄한 갯벌
한 숨구멍에서 또 한 숨구멍까지
일보 일배 하기

낙지는 나아간다

마지막 남은 머리카락 한 올 다 빠질 때 까지
무릎 다 닳고 닳아 일어설 수 없을 때 까지
일보 일배 하기

낙지는 나아간다

떼어내어도 떼어내어도 빈 고둥 껍질 속에 달라붙어 있는
흡반들의 힘
혼신을 다하는 사랑

낙지는 나아간다

한 치 앞도 볼 수 없는 검은 먹물에 잠겨
한 흡반에서 또 한 흡반까지
일보 일배하기

낙지는 나아간다

끝이 없는 갯벌

강경주/1989년 〈현대시학〉 등단. 시집『나는 꽃핀다』『노 섹스 데이』

겨울祭 ―겨울나무

이 성 희

등고선에 걸린 산동네 산복도로
겨울은 은하처럼 깊다
여름날의 무성한 입들을 지우고
묵언으로 선 오래된 은행나무 마른둥치에
푸른 저녁의 잔광이 스치면
석탄기나 캄브리아기로 가는 비밀 지도가
파편 같이 방전한다
손을 대면 손등으로 타고 오르는
각질의 먼 등고선

숱한 연애와 혁명의 뒷골목을 지나
겨울 끝으로 떠난 검은 새들의 나라
늙은 곰의 내장을 굽이굽이 지나서
아직 이름을 받지 않은 꽃들의 들녘과
신들의 검은 산협, 눈부신 결빙의 해협을 지나서
온갖 生의 전생들이 뼈를 바꾸는 지층이
손등의 주름에 접혔다가
사라진다

허공에 살얼음 진 불빛이
입김이 닿자 날개를 떠는데
나는 잠시 입을 지우고
겨울나무로 섰다

익숙한 낯선 生이
저녁빛이 빠져나가는 발아래
슬쩍 심연을 여는데

이성희/1989년 〈문예중앙〉 등단. 시집 『돌아오지 않는 것에 관하여』『허공 속의 등꽃』

달의 얼굴
—가을이 없는 나라 2

조 기 수

늦은 퇴근 시간
네이비블루의 하늘이
서투르게 이어진 빌딩의 어깨 뒤로 투명하게
배경천을 깔고 있다
그곳에 유일한 틈
실눈 같은 달
아하
너에게로 열린
유일한 창문

조기수/1990년 〈지평〉 등단.

노도櫓島의 경고

김 길 녀

경고
노도방파제는 위험요소가 많아 낚시 행위를 일체 금한다 몰래 낚시하다가 어떻한 불 상사가 발생하여도 노도는 책임을 지지 않는다
노도주민일동

그도 그를,

나도 나를,

어떻한 책임도 지지 않았다…

김길녀/1990년 〈시와 비평〉 등단. 시집 『키 작은 나무의 변명』, 『바다에게 의탁하다』《해양과 문학》 편집장

제 4 부

꿈꾸는 독

서 규 정

베란다에 묵은 독이 하나 있다, 다가가 머릴 들이미니 꽉 끼일 것만 같다

제발 좀 끼워줘, 더럽고 추한 추억이라는 공연이 계속되고 있어, 한 삽 푹 파서 엎어도 될 전복의 세월은 절찬리에 가고 일인 극 배우로 부끄러워서 눈감고 죽을 수도 없어

아니야, 죽었다가도 뱀처럼 똬리를 틀고 환생해야만 돼

스르륵 스르륵 온몸으로 가야한다 기어올라야만 한다 창밖으로 잠망경을 올리듯 유리가 이마처럼 차가운 장면에 서면

어제와 똑같이 지겹게 겹쳐지는 일상, 모집의 정보로 몰려와 분양되어 가는 그리움들, 아무래도 난 발성과 체력보다 연기력이 부족해 독 속으로 다시 가라 앉아 백년 묵은 백사가 되고 싶어

서규정/1991년 〈경향신문 신춘문예〉 등단. 시집 『겨울수선화』 외

겨울눈

박 권 숙

겨울이 끝나기 전에 꽃눈 가진 것은 모두 남도 봄은 물로 타올라 불로 흐른다는 것을

눈 아닌 손톱 끝으로 내다보는 법 배운다

균열을 꿈꾸어 온 어둠의 살갗 아래 빛이 저 손톱보다 빨리 자란다는 것을

비릿한 봄의 예감을 할퀴면서 배운다

박권숙/1991년 〈중앙시조지상백일장〉 등단. 시집 『시간의 꽃』『그리운 간이역』 외.

밤에도 태양이 있다
—수행 중 · 2

이 보 우

코끼리는
거미줄에 걸려 자고 있다
미로를 돌며 귀를 세우고 한참
구멍 없는 대금 소리를 듣고 있다

밤하늘 금까마귀
날개를 펼쳐 천지를 밝히면
낮달 속 토끼는 방아 찧기를 멈추고
물 흐르는 소리에 발등을 씻는다

처마 끝 풍경소리는
바람이 전하는 말
초 칠한 대청마루에서는
미끄러지지 말아야지

버려도 엉겨 붙는 몸서리
서툰 내 시선 끝에서
허공에 매달린 심해는
깊이를 알 수 없어 건지질 못한다

이보우/1991년 〈시세계〉 등단. 시집 『그 산의 나라』, 『다슬기 산을 오르네』

길 위에 길 · 25

황 길 엽

머릿속이 겨울밤 빗소리처럼 끈적이면
길을 걷는다
어젯밤 내린 황사 비에
온몸에 붉은 반점으로 열꽃을 피우는
몇 번의 환승에도 거부하지 않는 길
팽팽하게 당겨진 길 위에
송곳 같은 푸른 이빨을 드러내고
먼 시간을 돌아온 세월의 흔적만
쓸쓸히 줍고 있다
빨갛게 익어가는 저녁노을 따라
동해바다 건너온 고래 한 마리
중앙선을 넘어 나를 앞질러간다
맨몸으로 절벽을 기어오른 해풍에
등 뒤를 내어준 그림자만 쫓는
끈 풀린 운동화 한 짝 폴짝폴짝
직선이었다가 곡선이었다가
수줍게 길을 걷는다
길은 하얗게 열려있는데
이정표에 앉아 하루 종일 미동 없이
돌아가는 그림자만 보는 화살촉
그곳에는 접근금지란 활자만 무섭게 앉아
환승을 거부한다

황길엽/1991년 〈한국시〉 등단. 시집: 『비문을 읽다』 외.

탑

김 선 희

누군가 대문을 요란하게 민다
탑이 하나 무너진다
둥둥 북소리를 울리며 축제가 시작된다
탑이 하나 무너진다
천년을 꿈쩍 않고 서서 하늘을 받쳐온
저 천년 후의 차디찬 돌꽃 속에
활활 불타오르는 어둠 속에
공든 탑이 하나 무너진다
돌 속에 뜨거운 길이 있으니 그는 거기서서 천년을 걸어왔다
길은 그대 몸속에서 흘러나와 또 다시 천년을 간다
돌은 그대 몸속으로 들어가서 따뜻한 핏줄이 되었다
오늘밤 나는 꿈꾸는 돌탑이다.

김선희/1991년 〈문학세계〉 등단. 시집 『달빛 그릇』 외.

사각형의 햇빛

김 형 술

세상의 모든 방들이 사각형인 건
구석을 마련하기 위함인가

도망칠 구석
웅크려 은신할 구석
늘 그늘이 살고 있어
속을 알 수 없는 의뭉스런

구석은 아늑하고 평안하다

거미줄을 치고
푸른곰팡이를 피우고
사방연속꽃무늬 벽지에
쥐오줌 지도를 그려놓는 곳에서

더 잘 보이는 입구와 출구
더 잘 들리는 문 밖의 바람

세상 모든 벽들이
사각형의 창을 가지고 있는 건
제 구석을 들키지 않기 위함이어서

이 도시의 햇빛은 모두 사각형이다.

햇빛의 날카로운 가장자리가
누군가의 핏기없는 맨발 근처를
때때로 서성이다 가곤 한다.

김형술/1992년 〈현대문학〉 등단. 시집 『물고기가 온다』 외. 산문집 『그림 한 참을 들여다보다』 외.

강

서 정 원

아득한 그 옛날부터 살아있는 모든 것을 묻고 평화롭게 흐르는 강, 알고 있지 큰 양수리에서 만난 물은 바다를 향해 꿈과 함께 넓혀 가는 건강한 강, 수많은 역사의 아픔을 남기면서도 아비로부터 배웠던 튼튼함과 어미로부터 느낀 포근한 강

그러나 그러지 못하고 있어…

서정원/1992년 〈심상〉 신인상, 시집 『거미줄의 힘』, 『관찰법』.

씨

박 정 애

金李朴은 물론 니씨 내씨 없이 다 있다는
조선팔도 족보타령이 아닌
김씨 어머니 박씨 아버지에 태어나
박가로 사는 나와
밤낮이 다른 지구 반대편에서
희고 검은 종자타령도 아닌
흑인 어머니와 백인 아버지에 태어난 너

우리가 만날 수 없는 극과 극으로
어느 횡성을 떠돌아도
육십억 분의 일인 퍼즐 한 조각임엔 틀림없고
더 분명한 건 각자 하나의 지구라는 거
지수화풍 생물구조로 태양 같은
심장 하나 가졌다는 거

모난데 없이 둥근 지구는 떠돌고
아무리 잘게 쪼갠 부스러기도
모이면 하나가 되는 원형질에 대해
사과를 먹어보면 안다 더 확실한 물증을 위해
아싹 깨물어 씹어보라 한 입 가득 고이는
육질의 향기로 사각사각 사라진 사과
고갱이 속 씨는 뱉어내라

씨알 속에 잠든 수많은 나무들이 기억하는
새싹과 꽃과 열매와 뿌리를
제 이름도 모르는 저 나무가 안다는 거
어떤 이름도 원하지 않는 저 씨알이
뿌리의 근원을 안다는 거

사과에 대한 헌사보다 벌레가 먼저 아는
사과의 본질을 생각하다면
뱉어라 씨

박정애/1993년 〈국제신문 신춘문예〉 시와 97년 〈경향신문 신춘문예〉 시조로 등단. 시집 『시월은 연어처럼』『가장 짧은 말』 외.

따뜻한 생각

성 수 자

삼동이라는 동네에 사는 사촌언니가 택배로 보내온 두부
덤으로 잘 띄운 비지도 한가득
생각하면 언제나 마음이 짠해지는 살가운 언니
백설 같은 두부색깔
칠공주 언니는 칠형제 맏이인 형부랑 결혼했다
딸 하나 낳기를 그렇게 소원했다던 사돈어른은
며느리를 딸로 삼고 아들하나 낳기를
오매불망이던 삼촌은 사위를 아들삼고
여자 옷만 빨다가 바지가랑이가 축축 늘어지는
남자빨래를 널어놓고 보면 그렇게 좋을 수가 없었다던가
곱디곱던 언니는 시동생 여섯을 장가보내고 나니
이들만 셋 낳은 어느새 며느리 볼 나이
마을 부녀회 회장으로
두부도 만들어 집집마다 월 수익도 올리고
인정 많고 바지런한 한결같은 어릴적 숱 많고 반짝이던
댕기머리 호롱불에 비추며 어릴적 양말 기워주던 그 모습
보글보글 두부요리 따뜻한 생각 함께 끓인다

성수자/1993년 〈한국시〉 등단. 시집 『안개 밭에서』, 『잎맥처럼 선명한』

아인슈타인도 신神을 믿었다

김 경 수

아인슈타인은 물리학 공식에서 신神을 믿는다고 했지만
그가 말한 신은 수학이었다.
신에게 소원을 빌어도 무관하지만
절대로 신은 그 소원을 들어주지 않을 것이라고
그가 단언했다.

신은 있되 듣지를 못하고
기도는 있되 이루어지는 것은 과학의 결과이다.

하느님은 단지 빙긋이 웃고 있을 뿐이다.
성모님도 그렇고 부처님도 그렇고 예수님도 그렇다.

이 세상에서의 방관자인 하느님보다
자연의 섭리가 더 무섭다는 것을
기도를 진실로 열심히 하면 알게 된다.

진실로 너희에게 이르노니
하느님보다 더 무서운 자연의 법칙 앞에서는
기쁨보다는 슬픔의 면적이 더 크므로
이 세상과 저 세상을 경계지우는 벽을 뚫고 훨훨 날아오르는
인공위성이 되어라.
기도가 그대로 이루어지는 곳은
하느님이 멋대로 조종하는 멀고 먼 천상의 나라뿐이니라.

김경수/1993년 〈현대시〉 등단. 시집 『달리의 추억』 외, 문예사조 이론서 『알기 쉬운 문예사조와 현대시』

겨울 저녁이었다

이 명 희

신문지를 덮고 죽은 듯이 그대는 누웠다
어쩌면, 죽었는지 몰라
뒤척이는 어깨를 바라본 뒤에야
나는 광장을 걸어 나왔다
식은 술병과
그대의 불안한 체온이 발걸음을 따라 와
계단을 오르며 흔들거렸다
그대의 이름과 그대의 이름 가까이
징검다리처럼 흩어진 사랑도
사랑도 있을 것인데
찬 바닥 시린 등뼈로 희망은 너무 흐리다

버스는 달리고
나는 캄캄하게 눈을 감았다
사람들은 소생한 환자처럼
소리 높여 안부를 주고받았다
살아있음이 즐겁거나
혹은 가슴 저리는
겨울 저녁에
버스는 잎사귀 없는 나무 옆을 너무 오랫동안 달렸다

이명희/1993년 〈문학세계〉 등단. 시집 『서늘한 생애』

땅바닥별

이 선 형

땅에 기댄 목숨
그래도
찬 바닥에 내쳐지면 죽을 것 같아
하늘도 땅도 아닌 어중간한 자리로 움직이며
나는 궤적을 이어갔다.

오늘은 긴 은하수 속을 지나왔다.

시장통 나무의자 앉아 밥을 기다리는
탁자 위 먼지가 빛난다

나만 쓸쓸한가 하였다.
몸 가진 사정은 다르지 않은 것 같아
긴 의자 위 제각각 쓸쓸한 정박碇泊

사람들 눈망울이 먼지로 메워져
어딘가로 가는 지독하게 가만있지 못하는
저게 별이 아니라 눈이라고?

솟구쳤다가 무색하게 가라앉는
저 사람이 흘끗 보는 방향
…………

하늘도 땅도 아닌 어중간한 궤적
모르는 옆 사람과 엉덩이를 나란히 먹는
더운 한 그릇, 외롭지도 아무렇지도 않은
허공에 내가 내걸었던 신호가 반짝인다.
춥고 맑은 겨울날이라고.

이선형/1994년 〈현대문학〉 등단, 시집 『밤과 고양이와 벚나무』

공원묘지

지 운 경

백골들 누워 있는 삶의 폐허에
축복인 듯 위로인 듯 꽃들이 놓여 있다
저들 중에 누가 천국으로 가고
누가 지옥으로 갔는가
천국은 고통 받는 삶에 대한 위로이고
지옥은 죄악에 대한 경계의 말일 뿐
그다지 아름답지도 편하지도 않은 곳에
폐허가 되어 그냥 누워 있을 따름이다
사람들은 생전을 잊지 못해 찾아와서는
절하고 기도하고 술과 눈물을 함께 뿌려도
저들은 오직 침묵으로 대답할 뿐
오장이 무너지고 육부가 내려앉아
간도 쓸개도 다 버렸으니
울 일도 없고 웃을 일도 없다
욕망이 쉬고 평화가 있는 곳
여기가 어쩌면 극락이고 이상향이다
천국은 바로 공원묘지
아주 볼품없고 볼일 없는 곳이다

지운경/1994년 시집 『브레이크를 밟을 때마다 삶은 조금씩 흔들렸다』로 작품 활동. 시집 『결실』

소멸에 대하여

배 재 경

지금은 기억이 가물가물한 젊은 날의 농촌 길
아마 혼자 어디엔 가를 찾아가는 중이었을 것이다

마을 앞 신작로 노부부 엉거주춤 서 있다
아흔 셋과 여든 여덟의 노부부 마실 나섰다
20여 미터 집이 만리 길 인양 할아버지
한걸음도 못 떼고 요지부동이고,
할머니, 갑갑하여 이러지도 저러지도 못하는데…----
보다 못한 내가 할아버지를 번쩍? 업었더랬다
세상에, 사람의 몸인지, 빈 허수아비인지,
도무지 무게를 느낄 수 없다
뜨거운 한 생애를 살아온 사람의 무게가
이렇게 깃털처럼 가벼울 수 있다니…

집 대청마루에 할아버지 모셔다놓고 나오는 등 뒤에서
할머니, 고맙다고 연신 허리를 조아리는데,
내 등골이 오싹해지는,
소멸되어가는 사람의 흔적

지금도 또렷이 기억하는,

배재경/1994년 계간 〈문학지평〉 등단. 시집『절망은 빵처럼 부풀고』.

봄, 나무에 돌아가

박 윤 규

나무가 나무가 나무가 나무가
죽었던 몸에서 보솜하니 움을 틔워내고
작고 빠알간 꽃몽오리를 매다는 걸 보면
기막히고 그 옆을 지나면
무슨 알아듣지 못할 언어들을 내게로 쏟아내는 것이
그때 내 몸에서도 툭툭
열꽃이 피고
뼈에서 새 뼈가지가 불거져나오고
내 깊은 곳에서 욕망이 그윽히 차오르는 것이
물푸레든 진달래든 아카시아든
내가 아무래도 전생에 나무였던 것이니
사람으로 살아온 시간보다
더 긴 시간을 숲에 머물렀음이 분명하니
봄만 되면 몸 여기저기가 막 가렵고
아무에게나 말을 걸고 싶어지다가
숲길을 혼자 걸으면 그 봄이 된 흙속에
두 발을 묻고
시간도 그림자도 함께 정지하였으면 싶은데

박윤규/1994년 시집 『몽블레르의 작은 술집』으로 활동. 시집 『빗살무늬토기에 대한』 외

서정시

김 수 우

사랑은 일일연속극 눈 큰 주인공이 대신하고
분노는 액션영화 속 남자가 대신해준다
기쁨은 개그콘서트 코미디언이
불행은 불치병 다큐멘타리가 대신한다
슬픔이나 희망도 시간에 맞춰
리모콘 단추만 누르면 된다
아는 척, 감동하는 척만 하다 그래도 심심하면
시를 읽는다, 아픈 척, 배고픈 척, 이해하는 척 쓰여진
서정시를 읽는다, 더 심심하면
시를 쓴다, 그리운 척, 고독한 척, 존엄한 척
서정시를 쓴다, 꽃핀다고 꽃이 진다고
비가 온다고 바람 분다고
파삭파삭한 언어가 쵸코크래커처럼 달다
몇 해째 꽃 피우지 않는 베란다 난줄기와 마주친다
발목 마른,
매일 도착하는 서정에서 배신을 배운다
바람이 불어도 불어도 도착하지 않는
절망들

김수우/1995년 〈시와 시학〉 등단. 시집 『붉은 사하라』 외. 사진에세이집 『아름다운 자연 가족』 외. 산문집 『씨앗을 지키는 새』.

소름

김　참

공원 오른편은 비탈길. 비탈길 왼편은 약국과 우체국과 과일가게. 그리고 늘어선 연립주택들. 잿빛 지붕에 먹구름 걸려 있는 연립주택 사이의 골목을 걸으면 소름이 돋네. 언제나 소름이 돋아나네. 돋아난 소름 때문에 석상처럼 굳어 있어도 아무도 지나가지 않는 음산한 골목을 따라 습한 바람이 부네. 작은 곰팡이 꽃들 하얗게 핀 창문 밖으로 새어나오는 파란 불빛과 라디오 음악 그리고 좁은 골목에 울려 퍼지는 개 짖는 소리.

붉은 달이 하얗게 식은 아침이 와도 골목의 풍경들은 그대로네. 아무도 살지 않는 연립주택들의 골목. 굳게 닫힌 파란 대문들로 끝없이 이어진. 꿈을 꿀 때마다 내가 지나가야 하는 그 골목 끝에 석상처럼 굳어 있는 소녀. 소녀의 다리 아래엔 공포에 질린 그녀의 밀랍 같은 얼굴이 떨어져 있네. 골목의 음산한 풍경들이 소녀의 얼굴을 더욱 창백하게 하네.

김　참/1995년 〈문학사상〉 등단. 시집 『그림자들』『미로여행』 외.

에잇, 손자국

진 명 주

기억이란 것도 속을 들추면 먹다 걸린 목구멍 속의 가시처럼 제 몸에 마른 뼈대 몇 간직하고 있을까 있기는 있는 걸까 흔적이라는 것 돌고래의 지느러미 안에는 길쭉한 손가락뼈가 아직 남아있다는데

우리 기억의 흔적도 그러할까 돌고래가 제 손가락뼈를 퇴화시켜 본래의 능력을 버리듯 기억은 제 몸 안의 마른 뼈들 우둑우둑 분질러 더 이상 마디를 키우지 않으려는데

공터에 버려진 입 넓은 단지 하나 도공은 무슨 생각으로 마지막 단계에 에잇, 제 속내 굵게 드러내 주먹 자리 하나 움푹 심어 놓았나

마지막 흔적만으로도 생각이 너무 많은 단지는 제 쓰임새를 버리지 아무것도 담으려 하지 않지 철 지난 빗물엔 오글오글 모기의 유충들만 뼈를 키우고

공터엔 단지
에잇, 손자국
낮은 햇살 속 잠자리처럼 나비처럼 날개를 키우지

진명주/1996년 〈문학도시〉 등단. 시집 『소리 없이 새는 것이 있다』

요트와 같은 기분이 들 때까지

정 익 진

밤거리 대형 가구매장들 앞을 지나는 오토바이의 굉음
유리 진열장과 향수병이 깨지는 소리…들이
입을 벌리고 내 귓가에 몰려온다.

안됐지만 귀에 피도 마르지 않은 그 나이, 버스 맨 뒷자리에 앉아
옆자리 모르는 누나의 젖가슴을 허락도 없이 주물렀던
그때…를 생각하며 얼굴을 붉힌다.

맥주잔을 뜨겁게 응시하던 푸른 눈빛이 멀어져간다.
기나긴 입맞춤을 끝내고 나의 뺨을 후려쳤던
그녀의 손맛을 잊을 수 없다.

미치기로 결심했는가.
그러한 치명적인 장식을 가슴에 달고 그녀는 왜
무사할 것이라고 생각했을까.
왜 이 바닥은 아직도 출렁이질 않는가.
결코 새로운 생활을 창조 할 수 없다는 공포

국세청에서 풍향계 압류 통지서가 날아왔다.
세찬 바람이 불어온다.
불타버리는 숲, 절벽에서 떨어지는 짐승들, 파멸이다.
피 묻은 손으로 지휘봉을 쥐고 온몸을 떨며
음악을 불러내는 지휘자의 흉내를 낸다.

방이 흔들리고 꽃병과 커피 잔이 탁자에서 떨어진다.
눈을 감지마라. 그녀에게 내 몸을 고백해야한다.
내가 쓴 편지들은 뱃속의 태아, 새들 그리고
물속의 물고기들과 함께 읽을 수 있다.
가자, 돛을 펼쳐라.
마침내 신대륙의 발견이다.

정익진/1997년 〈시와사상〉 등단. 시집 『구멍의 크기』, 『윗몸일으키기』

봄 언덕에서

이 인 우

쪼그려 앉아 내가
담배를 피우는 까닭은
내가 놓아 준 세상의 끝이 새삼
너무 아름답게 보일 때 있기 때문이다
쪼그려 앉아
기근에 굽이치는 땅을 우러러 보고
쪼그려 앉자
전장戰場의 비명이 깔린 먼 길바닥까지
연기를 밀어 내는 것은
둥글어서 더 예쁜 지구의 끝까지
사랑하는 세상을 밀고 가서
죄 없이 버려진 사람들이 앉아 쉴
둥근 의자 몇 개 놓아주고도 싶기 때문이다
옛날은 무거웠어도
역사의 어느 골짜기에는 무지개 뜨는
강 숲도 있었음을 알지 못하여
병든 폐부가 스멀거리는 통증으로 괴로워 할 때
쪼그려 앉아 담배를 피우고 있으면 문득
이 혐오스런 담배연기마저
살구꽃 핀 고향 뒷산에 내리는 운무처럼
달콤해 진다

이인우/1998년 〈문예한국〉 등단. 시집 『레즈비언은 모자를 쓴다』, 『풀밭잠』

겨울 21g

김 언

아무 데나 갖다 붙여도 시체가 된다
무슨 말을 해도 단어가 된다

나는 자살하면서 성장한다
눈 속에서
눈 밑에서

모락모락 김이 올라온다
뚜껑을 열면
두부 하나가 익어가는 느낌
호호
입김을 불어가며

증발하는 눈사람처럼 걸어다녔다
모자 속에 목을 감추고

김 언/1998년 〈시와사상〉 등단. 시집 『소설을 쓰자』 외.

별

황 재 연

하늘에 별만 별인 줄 알았다

소금의 전생은 바닷물이어서
제 몸을 지극하게 굽고 구운 게 소금이어서
바닷물이 멀리 소금을 바라보고 있을 때
소금은 먼먼 별이 되는 구나

한 발만 내리면 깊은 허공인데
떨어질 채비를 하는 게 아니라 날아 갈 준비를 하는
구멍 숭숭한 잎을 바라보는 나무가 있을 때
그 잎새는 나무에게 별이 되는 구나

너무나 아스라해서
나는 누구의 별이 될 수 있을까

생각하다가

전 생애를 염전에 구워도 소금이 될 수 없음을
두려움 없이 손 흔들고 가는 한 장 나뭇잎 될 수 없음을

하늘에 별만 별인 줄 알았다
사람의 마음을 움직이게 하는 지상의 많은 별

나는 오늘밤 그 따뜻한 별들에게 밥상 차려주고 싶다

황재연/1998년 〈문예사조〉 등단. 시집 『풀잎 옆에 풀잎』, 『따뜻한 생각』

횡단

김 영 미

태양의 고도 점점 높아간다
나른하다 못해
벽 위에서

뛰어내리고 싶은 벽시계
쏟아지고 싶은 달력

나는 지금
횡단보도를 건너는 중이다
횡단보도와 횡단보도가 나를 연결한다면
다섯 내지 여섯 개의 횡단보도가
나의 반경이라면

일곱 번째 가로수와 여덟 번째 전봇대를 지나
내가 집으로 돌아가지 않는다면
지구의 반대쪽으로 걸어가 버린다면

주기적으로 앓는 몸살처럼 격렬한
내 안의 파도를 잠재우고
들썩거리는 산과 들, 대륙을 가라앉히고
리모콘을 누른다

다큐, 차마고도

티벳에서의 칠년

서너 개의 채널 사이를 헤매다가
오후 네 시의, 비극적인 낮잠에서 깨어날 때
거울 속
텅 빈 얼굴 저 너머
내가 단숨에 보고 만 곳

다시 건널목 앞
초록색 점멸판이 하나씩 꺼지기 시작한다
횡단보도는 짧다
횡단보도는 너무 길다

김영미/1998년 〈시와사상〉 등단. 시집 『비가 온다』

리얼리스트

권 정 일

입구만 있는 지하 담벼락을
나는 랜덤하우스라 부른다
가로도 세로도 끝없이 펼쳐진 공간
삼다수 한 병으로 나는 열거되지 않아
연인인양 한 사나흘 사용해도 좋을 것이다
무작위의 슬리퍼들 실시간,
정각에 도착한다 정각은 가끔 얼차렷을
거꾸로 쥔 모자의 누더기 같은
표정을 따돌리지만
일곱 번 굽신거리는 가슴으로
다섯 번 텅 빈 속을 둥그렇게 말아
몇 번씩 웃음을 바꾸는 공벌레 전술로
찢어진 (사회면, 사회보장제…)
이미 이루어놓은 계보를 덮고
문자 이전의 언어처럼 리얼하게 웃는다

웃는 얼굴을 잘 만들어야 오래 버틴다

권정일/1999년 〈국제신문 신춘문예〉 등단. 시집 『마지막 주유소』 『수상한 비행법』

stopwatch

송 진

함박눈이 내렸고 붉은 딸기는 눈 쌓인 하얀 지붕을 전송했다 피 묻은 솜들이 지붕위로 떨어졌다 고양이들이 토막난 보라빛 악어를 물어뜯었고 동인각 도장이 도장밥을 찾아 울부짖었다 도장을 찍고 싶은 자와 도장을 찍히고 싶은 자의 검술 자랑은 아이티에서 수십만 사자들이 지진 속으로 사라져도 끝나지 않았다 곧 멎을 것 같은 함박눈은 지친 지붕을 끌고 악어 잇몸처럼 생긴 터널 속으로 사라졌다 열두시 마감 뉴스에 그를 지진의 사자로 파병한다는 소식이 손톱 속의 전파를 타고 골밑샘으로 파고들었다

송 진/1999년 〈다층〉 제1회 신인상으로 등단. 시집 『지옥에 다녀오다』

가락의 동쪽에 있는 강
—낙동강

김 중 일

강은, 산 그림자나 구름
따위를 비추는데 싫증이 났나보다
이름만으로 만족할 수가 없어
새로운 모색을 하는데
해발을 포기한 것도 모자라
변해야 산다고 아우성이다

물길을 끼고 증식하는 불빛들
물이면 다 같은 물이냐는 듯
검은 강에 색색의 바코드를 만들자
이제 저마다의 경쟁 유형을 갖춘다

쉬 눈을 감지 못하는 강의 이름
새벽녘에야 선잠이 들지만
사람들은 모른다
조금씩 미쳐가는 충혈 된 강의 눈동자를
잊혀진 강의 이름을

김중일/1999년 〈문예사조〉 등단. 시집 『세상의 다리를 건너면서』

기타 하나 동전 한 닢 뿐

송 유 미

1.
돌아가신 아버지 십원짜리 동전으로 기타를 잘 치셨다.
손가락으로 기타를 치지 않고
꼭 십원짜리 동전으로
'기타 하나 동전 한닢 뿐…' 잘 부르셨다.

(…들꽃처럼 왔다가 바람결에 흘러서 석양을 바라보누나.
바람처럼 왔다가 안개처럼 사라질 조그만 나의 인생아.
내가 너를 아는가. 네가 나를 아는가. 무심했던 우리 우리야.
언제처럼 서로 다 악수를 나누세. 가슴에서 가슴으로.
에헤헤이 에헤헤이 우리가 가진 것은 없어라. 기타하나 동전한닢 뿐.
에헤헤이 에헤헤이 우리가 가진 것은 없어라. 기타하나 동전한닢 뿐…)

2.
기타 코드 잡는 법도 잘 모르시면서
아버지 거나하게 한 잔술에 취해 부르는
'기타하나 동전 한닢'*의 노래 속에는
지난 아버지 세대들의 청빈한 철학과 용기가
노래의 씨앗처럼 햇살의 노래처럼 숨어 있지.

(…너의 손에 내 손에 건네던 술 한 잔이 우리는 외롭지 않소.

있으면 어떤가. 없으면 어떤가. 우린 마주보고 있네.
많으면 어떤가. 적으면 어떤가. 우리에겐 내일이 있소.
기타가 하나에 동전 한닢이라 그래도 좋지 않는가…)

3.
가끔 동전 한닢 없어서 쩔쩔 맬 때,
나는 아버지가 잘 부르던 '기타 하나 동전 한닢'을 흥얼거린다.
한때 나는 동전 한닢 하나 남겨주지 않고
돌아가신 찢어지게 가난했던
노가다 십장 아버지를
무척 경멸 했었지.

늙은 노모가 남의 식당에서 일하고
남동생이 대학등록금이 없어
중국집 배달원으로 일을 하고
찢어지게 가난해서 점심시간이면
수돗물에 허기를 채우고
학교 뒷동산에 올라가서 두 팔 베고
하늘 쳐다보며, 이 모든 가난이
아버지가 무능해서라고 원망했었지

(…나 가진 것 무엔가. 너 가진 건 무엔가. 어이 우리 자랑할까나.
고개를 숙여서 믿음을 나누세. 지상에서 천국으로…)

4.
이 노래의 기타 반주는 피크**보다
십원짜리 동전으로 울려야
제 맛이 난다는 것을, 밤늦어 지하 노래방에
홀로 남겨져 부르며 알게 된 것이다.

(…에헤헤이 에헤헤이 우리가 가진 것은 없어라.
기타하나 동전한닢뿐. 에헤헤이 에헤헤이
우리가 가진 것은 없어라. 기타하나 동전한닢 뿐…)

세상에서 가장 가난한 노래는
십원짜리 동전으로 울리는
노가다 십장 우리
아버지의 기타 소리…

(…내가 너를 아는가. 네가 나를 아는가. 무심했던 우리 우리야.
언제처럼 서로 다 악수를 나누세. 가슴에서 가슴으로…)

1) ( ) 안은 '기타 하나 동전 한닢 뿐' 이재성의 노래 가사 인용
2) 기타 치는 방법은 크게 나누어, 손가락으로 치는 방법과 피크를 써서 치는 방법이 있다. 피크가 없을 때, 더러 십원짜리 동전으로 연주하기도 한다.

송유미/2002년 〈경향신문 신춘문예〉 등단. 공동작품집, 『회향나무숲』 외. 산문집 『시가 있는 영화』 외.

공치다

전 다 형

노점상 단속반이 떴다 붉은 완장을 차고 나타난 산 저승사자다 아무렇게 싼 보따리를 들고 골목으로 냅다 뛰고본다 바람이 보따리를 빠져나온 팔을 뒤에서 잡아당긴다 술래를 따돌리고 땀범벅 얼굴을 훔친다 목구멍까지 차오른 숨을 몰아쉰다 다시 전을 펼치기까지 반나절이 공중으로 날아갔다 덩달아 방방 뛰던 좁은 골목이 한시름을 놓는 눈치다 발목을 잡던 바람도 아군이 된다 매서운 한파가 몰아친다 지나가던 행인들이 오버깃을 곧추세우고 종종걸음으로 지나친다 먹먹한 하늘이 속을 털어놓는가 노점상이 젖는다

해도 대문밖을 나서지 않은 동지섣달 노점상 그녀도 체납고지서 기다리는 반지하 단칸방으로 돌아왔다 어린 아들은 붕어빵 한 봉지 눈빠지게 기다리다 새우잠 들었다 꽤죄죄 지도를 그린 얼굴 위로 입맞춤이 지나가고 뜨거운 별똥이 쏟아졌다 속부터 여문 아들이 내일 떠오를 태양이다

천장까지 쌓아둔 재고 무덤 위로 누적된 피로를 파묻는다 에어론 솜 뭉치가 뼈속까지 찾아와 온기를 재었다 잘나가던 직장에서 잘리고 술심으로 자신을 건너던 남편은 바람을 따라 집을 나선지 몇 년째 감감무소식, 세상 바람의 소용돌이 속을 떠도는지...문풍지 요란하게 그녀의 두꺼운 겨울 잠을 흔들었다 가난이 죄다 허공을 향해 던지는 수없는 다짐이 몇 바퀴 공중제비를 빙빙 돌다 제자리로 돌아왔다 누에가 번데기를 안고 잠이 든 밤, 쥐들이 그린 천정벽화를 끌어다 덮는다 그녀 칼잠이 얇은 이불을 삐져나왔다

전다형/ 2002년 〈국제신문 신춘문예〉 등단.

門, 問, moon

신 정 민

‘거기 누구 없소?’

달을 보면서
커다란 항아리 속에 빠진 내가 듣는다

열렸다 닫혔다 하는
나의 출구

환한 저 바깥을 향해

‘여기요, 여기’
소용없는 줄 알면서 또 목이 쉰다

신정민/2003년 〈부산일보 신춘문예〉 등단. 시집『꽃들이 딸꾹』

안부를 묻다

차 승 호

볍씨 꺼내 소독하고
일미라든지 일품이라든지 항아리마다 이름표 달아 싹 틔운 다음,

새벽이면 맑은 숨구멍 틔워주고 커가는 어린 모 기꺼워하며 음력 사월 스무날쯤 봄빛 기준 잡아 모내기

어디 허리 한 번 펴볼까
명지바람에 이마 넓힐 때, 앞산 뒷산 뻐꾸기 소리 정신 아득해지니

이승과 저승의 경계 밖
더운 구들에 굽은 허리 눕히고 까무룩 잠이 드는 한평생

잘 계시지유, 평안허신감유?
벚꽃 지는 부산의 밤 퇴근버스 뒷자리 앉아 안부 묻는다

차승호/2003년 시집 〈즐거운 사진사〉로 활동. 2004년 〈문학마당〉 신인상. 시집 『소주 한 잔』

자판기 女子

김 재 홍

딸깍, 딸깍
두 번의 캄캄한 울림 끝으로
갓 벌초를 끝낸 봉분封墳 같은 女子
일어선다
까칠까칠한 땡볕을 이고
관절 마디 뚝. 뚝. 끊어지는 인사를
구두코 앞으로 쏟아내며
나의 집게손가락을 집요히 훔쳐 낸다
아무런 의심 없이 떨어지는 종이컵
한. 잔. 주. 세. 요.
나를 보지만 나는 사라진 눈빛으로
달콤한 그 맛 즐기려
씁쓸한 뒷그림자는 잊어버린 채
손을 내민다
떤다
엎질러진 뜨거운 김이
제자리에 주저앉힌다

대기한 다음 손님의 자판기 버튼에
女子는 다시
움직이기 시작한다

김재홍/2003년 〈시의 나라〉 등단. 시집 『어느 시낭송』 외

황홀한 꿈

원 무 현

경관이 내 시신을 자루에 담고 지퍼를 닫는다
이제 더는 지상의 것을 볼 수 없으니
모든 게 끝장나도 좋은가 나여.
죽은 내 피가 지퍼사이로 흘러나온다
구경꾼들이 몰려온다 접근을 막지만
잠들지 않는 남편 바람기 때문에 삶이 천근만근인 식육점아줌마도
신문지조차도 제 몸보다 무거워진 노숙자 김씨도
날랜 고양이처럼 달려온다
꿈이냐 생시냐
이 꽃 저 꽃 꽃만 보면 나풀나풀 날아가던 여자
그렇게나 가벼운 여자하나도 불러들이지 못해
천리 밖에서 홀로 끓던 피,
나약한 피를 향해 사람들이 자신도 모르게 당기어온다
오오 봐라
지상 육천 미터 바깥의 눈발도 뛰어내려 이불이 된다
내 주검이 어떤 사인을 담고 있는지 그것은 궁금치 않다
죽은 나를 보고 있는 살아 있는 나여
내 안에 저토록 팔뚝 굵은 피가 들어있다!

꿈이 아니길.

원무현/2003년 〈시를 사랑하는 사람들〉로 작품활동. 시집 『홍어』

파지

김 해 경

기우뚱하다
분명 한쪽 균형이 잘못됐다

새벽, 동네를 돌고 오는
할머니의 궤적에
파지가 수북하다

낡은 수레,
한쪽으로 기울어진 모습이
다리를 저는 것인지
바퀴 하나 달아난 것인지
가늠 해 보기도 전에

할머니 파지
9킬로그램 720원
저울에서 끌어 내려지고 있다

김해경/2004년 〈시의 나라〉 등단. 시집 『아버지의 호두』

天空의 땅
- 조부님은 일러스트

이 초 우

물은 홍수 뒤의 흙탕물 이었다
누구도 그 속을 들여다 볼 수가 없다
그러나 일러스트는 그 물의 내력과
그 물 속 고기의 종류는 물론, 고기의 몸놀림까지
훤히 들여다본다 아마도 나는
시냇물 속 피나미였을게다 돌아가신 지 80여년, 오늘저녁
조부님은 나의 일러스트다
언젠가 때가 되면 내가 너에게 그림 몇 장 보여 준다고 했지
그 그림을 동영상으로,
내 소유의 땅을 너희들에게 돌려주는……

내가 머문 숙소에서는 북쪽, 새벽 1시쯤 되었을까 증조모의 둥근 엉덩이 같은 능선에서 솟아오른 불덩어리, 차츰차츰 시간이 지나니 그 불덩어리는 조부님의 황금 두상, 그 미라는 마네킹처럼 이목구비가 생략된, 그러나 푸짐한 머리칼로 보아 젊은 일러스트의 얼굴이었다

높은 베개를 베셨는지 비스듬히 바라보는 임야, 나무라고는 보이질 않고 모두가 수정 같은 광산이었으며, 어느 면적에는 은이 섞여 은하수처럼 점점이 반짝이는 땅 비록 지금은 황무지 같은 임야, 오늘 특별조치법 덕에 나는 저 天空의 땅 명의이전을 마친 날

이초우/2004년 〈현대시〉 등단. 시집 『1818년 9월의 헤겔선생』

나는 몰랐다

강 정 이

나는 몰랐다
엄마가 쥐어준 능금의 과육이
바람의 육질이라는 것을
한 알 열매에 공들인
바람의 탑돌이라는 것을
나는 몰랐다
우리집 꽃밭에 땅을 차고 솟은
얼음꽃
뻥 뚫린 그것이
바람의 가슴이라는 것을
나는 몰랐다
쑥부쟁이 꽃잎에 엉긴 달빛으로
뻥 뚫린 가슴을 박음질 하는
흥얼흥얼 홀어미의 노랫가락이
바람의 넋두리라는 것을

강정이/2004년 〈애지〉로 등단.

휴휴산방

해　연

마시고 싶은 햇살
깊은 산골
바람 아직 차지만
식탁 위에 사람들을 초대한
풀밭이 따스하다

먼 길 걸어온 은빛 머리카락
손잡아 주어야할 아이도
등 굽혀 애써야할 일도
옛 일이 되어버린 얼굴
웃음 가득하다

이따금 바람소리
빗소리 머금은 소나무 숲
동창사이로 스며드는
어스레한 빛에 눈 뜨는 한옥

쉬고 또 쉬며 산을 닮아가는 가슴
비어 있는 손을 향해
삼월 투명한 햇살
가슴을 내민다

해연/2004년 시집 『닮고 싶은 웃음』으로 작품 활동. 시집 『젖은 빛』 외.

낮 강이 언 강의 몸을 베어 먹고 간다

김 예 강

팔짱끼고 졸졸졸 흘러간다
햇살이 강물에 닿아 부서질 때마다
파르르 땅으로 내려앉는
지하철 역사 위 비둘기들

강물이 제 언 살을 녹이는 법을 터득하고

제 몸이 제 살을 뜯어먹어야 산다는 것을 알고서야
치유되는

나도 한 사람을 먹는다

낮 강의 작업은 힘차고 신속하다

종족끼리
오랜 시간 익혀 온
끼리 끼리의 재난구조작업처럼
사고수습현장에서
물은 본성을 다 한다

물가의 꽃이 물밑에서 파릇파릇 물을 만지고
나는 물가에서 한참 지켜본다

간밤 혹한에 강이 살짝 언 것이다
언 강은 시간을 기다렸고
낮 강은 지체 않고 달려와 부둥켜안았다
혈육으로 강하게 흐르는 강
질서보다 더 큰 물의 본성을 본다

나도 한 사람을 먹는다

즐거운 낮 강이 바로바로 베어 물고
졸졸졸 흘러간다

강의 맑은 이빨이 아삭아삭 언 강을 베어 문다

김예강/2005년 〈시와사상〉 등단.

▷편집후기

2010년 들어 행복도시 세종시의 변질과 4대강 사업, 언론 미디어 장악 음모 등 지역균형발전과는 거리가 먼 방향으로 정부 정책이 뒤집어지고 있는 현실이 참으로 안타깝기 그지없습니다. 세상이 혼돈에 빠질수록 문학인은 시대정신을 요구받습니다. 그것은 시대를 앞서 살아야 하는 것이 우리 문학인의 생리 아니겠습니까. 〈남부시〉는 두 번째를 준비하면서 우리 지역 시인들의 성숙된 시세계를 통해 시대 상황을 담아내고 아울러 외연의 확대를 꽤하여 우리 시문학의 새로운 지표를 제시하고자 합니다.

2009년 초 부산 시인들이 중심이 되어 영남, 호남, 제주 시인들과 함께 〈남부시〉 창간호에 모일 수 있었던 것은 행복한 일이었습니다. 이는 중앙 집중화되고 있는 현실을 타개하고 지역의 정서와 시대정신을 표출해 내고자 했던 시인들의 뜨거운 열망이 모였던 것이 아닌가 생각됩니다. 우리는 〈남부시〉를 통해 개성 있고 차별화된 시문학을 개척해 나갈 것임을 밝힌바 있습니다.

〈남부시〉는 지역으로의 수렴이 아니라 지역으로부터의 확산이라고 봅니다. 지엽적이라는 이유로 원고를 보내 주지 못한 분의 오해가 없었으면 합니다. 급작스런 청탁에도 불구하고 몇몇 분은 친절하게 다음 기회에 함께 하기로 약속해 주셨습니다. 그것이 우리 편집위원들에게는 큰 힘이 되어 남부시 제2호 〈나는 왜 여기에 서있지〉를 발간하게 되었음을 숨기고 싶지 않습니다.

원고 청탁을 하면서 괄호 속에다 다소 실험적인 작품을 써 달라는 주문을 넣었더니 그게 큰 부담으로 작용되었던 것 같습니다. 아주 작은 변화가 큰 변화라는 광고 카피가 아니더라도 자신의 세계를변

변모시킨다는 것이 어려운 일인 줄 압니다. 작은 변화의 힘들이 모여 거대한 흐름을 바꿀 수 있다는 생각을 멈추고 싶지는 않습니다. 지금 것의 흐름을 되돌아보고 새로운 갈 길을 모색하는 일이야말로 우리 〈남부시〉가 지녀야할 덕목이라 생각합니다.

이런 변모에 함께 해준 시인들에게 감사를 전합니다. 그리고 이번 호에 함께하지 못한 분들에게 3호를 기다리는 심정으로 또 다른 만남을 기대해 보렵니다. 아름다운 일이 더 많이 생기는 남부시가 되었으면 하는 바램을 멈출 수가 없습니다. 필진 모두에게 건강과 건필을 기원합니다.

2010. 4. 19

남부시 제2집 편집위원

남부시 2호에 협찬해 주신 분.

이보우 100,000 이해웅 100,000 권정일 100,000 김예강 100,000
정의태 50,000 진명주 100,000 이월춘 50,000 박구경 100,000
박정애 30,000 강영환 500,000

3집을 위해 후원금은 계속 접수합니다.
국민은행 102702-04-088429 강영환 (남부시)